사도신경으로 하는 신앙고백 훈련

사도신경으로 하는
신앙 고백 훈련

김상권 지음

초판 1쇄 발행 2022년 3월 2일
초판 2쇄 발행 2025년 7월 12일

발행처   도서출판 이레서원
발행인   문영이
출판신고 2005년 9월 13일 제2015-000099호

기획, 마케팅   도전옥
편집   송혜숙
총무   곽현자

경기도 고양시 일산동구 백석로71번길 46, 1층 1호
Tel. 02)402-3238, 406-3273 / Fax. 02)401-3387
E-mail: Jireh@changjisa.com
Website: Jireh.kr / Facebook: facebook.com/jirehpub

책값은 표지에 있습니다.

ISBN 978-89-7435-592-0 (03230)

신저작권법에 의해 한국 내에서 보호받는 저작물이므로 저작권자의 서면 허락 없이
이 책의 어떠한 부분이라도 전자적인 혹은 기계적인 형태나 방법을 포함해서 그 어떤
형태로든 무단 전재하거나 무단 복제하는 것을 금합니다.

사도신경으로 하는 신앙고백 훈련

전능하사 천지를 만드신
하나님 아버지를 내가 믿사오며,
그 외아들 우리 주
예수 그리스도를 믿사오니,
이는 성령으로 잉태하사
동정녀 마리아에게 나시고,
본디오 빌라도에게 고난을 받으사,
십자가에 못박혀 죽으시고,
장사한 지 사흘 만에
죽은 자 가운데서
다시 살아나시며,
하늘에 오르사,
전능하신 하나님 우편에
앉아 계시다가,
저리로서 산 자와 죽은 자를
심판하러 오시리라.
성령을 믿사오며, 거룩한 공회와,
성도가 서로 교통하는 것과,
죄를 사하여 주시는 것과,
몸이 다시 사는 것과,
영원히 사는 것을 믿사옵나이다. 아멘.

김상권

이레서원

책을 펴내며

　성도들을 말씀으로 섬겨 오면서 들었던 생각이 있습니다. 성도들이 은혜를 받지만 그것이 오래 가지는 못한다는 것이었습니다. 은혜가 자라 꽃을 피우고 열매를 맺어야 하는데 단순히 싹이 난 정도에만 머물러 있다가 매번 시들어 죽고 마는 것을 수없이 많이 보았습니다. 어떻게 하면 은혜를 튼튼하게 자라게 할 수 있을까, 어떻게 하면 은혜를 안전하게 담을 수 있는 그릇을 만들어 줄 수 있을까 고민이 되었습니다.

　그러던 중 사도신경으로 몇 주간 설교를 하면서 뜻밖의 경험을 했습니다. 주일마다 휘리릭 암송하는 사도신경에 무슨 특별한 내용이 있을까 싶었는데, 나름대로 준비를 하고 연구를 하면서 꼼꼼히 들여다보니 믿음의 조상들이 목숨을 걸고 처절하게 지켜 온 신앙의 흔적들이 보였습니다. 그 신앙의 고백이 오늘날 그저 일주일에 한 번 암송해 버리고 마는 종교 구절이 되어 버렸다는 점이 충격적이기까지 했습니다. 사도신경을 공부하고 연구하는 내내 제 속에 말 그대로 기쁨이 샘솟았습니다. 성도들에게 은혜를 가르치고 전하고 싶었는데 제가 먼저 크게 은혜를 받았습니다. 성도들 역시 말씀이 주는 자유와 기쁨과 위로를 만끽했습니다. 저는 이 사도신경이 어떤 것과도 바꿀 수 없는, 조상들이 물려준 귀하디귀한 유산이라는 사실을 실감하게 되었습니다. 그래서 이 소중한 은혜의 경험을 책으로 써서 여러분과 함께 나누고 싶었습니다. 은혜를 살찌우고 자라게 할 내용이 이 책에 녹아 있습니다.

이 책은 기초 신앙을 훈련하기 위한 개인 성경 공부의 자료이자, 소그룹에서 신앙의 뼈대를 견고하게 세울 수 있는 나눔의 자료입니다. 신앙의 다양한 질문 앞에서 답을 찾도록 해 주고, 세상의 수많은 도전 앞에서 내가 붙든 신앙이 어떻게 행동하라고 하는지 확인할 수 있을 것입니다. 기존 성도들에게 감격과 도전을 받을 수 있는 내용으로 구성되었으며, 이제 막 믿음 생활을 시작한 이들에게도 기초 신앙의 틀을 잡는 좋은 도구가 될 것입니다. 또한, 타성에 젖어 감격과 기쁨을 상실한 그리스도인 동역자들에게는 '역시 기본이 중요하다'라는 진리와 환희를 다시 한 번 깨닫게 해 줄 것입니다.

사도신경의 은혜를 함께 나누었던 성도들에게 감사와 사랑을 전하고 싶습니다. 사역하며 함께 즐거웠던, 늘 응원해 주었던 동역자들에게 이 책을 바칩니다. 그리고 어설픈 글을 멋진 책으로 마음을 담아 다듬어 주신 이레서원의 송혜숙 과장님과 적극 응원해 주신 김정태 실장님, 출판사의 모든 직원분들에게 감사를 표하지 않을 수 없습니다. 믿음의 감격이 모든 이들과 함께하기를 바랍니다.

2022년 2월 9일
광안리에서

차 례

❖ 책을 펴내며 4

제1강   사도신경과 믿음 8

제2강   전능하신 창조주 하나님 아버지: "전능하사 천지를 만드신 하나님 아버지를 내가 믿사오며" 24

제3강   외아들 주 예수 그리스도: "그 외아들 우리 주 예수 그리스도를 믿사오니" 39

제4강   성령, 잉태, 동정녀, 탄생: "성령으로 잉태하사 동정녀 마리아에게 나시고" 53

제5강   고난: "본디오 빌라도에게 고난을 받으사" 69

제6강   십자가: "십자가에 못 박혀 죽으시고" 83

제7강   장사되심: "장사되사 음부에 내려가시고" 98

제8강	부활: "죽은 자 가운데서 다시 살아나시며"	113
제9강	승천: "하늘에 오르사 전능하신 하나님 우편에 앉아 계시다가"	128
제10강	심판: "저리로서 산 자와 죽은 자를 심판하러 오시리라"	143
제11강	성령: "성령을 믿사오며"	157
제12강	교회와 성도의 교제: "거룩한 공회와 성도가 서로 교통하는 것"	174
제13강	죄 용서: "죄를 사하여 주시는 것"	189
제14강	부활과 영생: "몸이 다시 사는 것과 영원히 사는 것"	203

✢ 미주	217

제 1 강

사도신경과 믿음

　믿음이란 무엇일까? 현대 그리스도인들은 믿음을 두 가지 양상으로 국한해서 생각하는 것 같다. 첫째, 능력이다. 믿음으로 인내하고, 믿음으로 역사를 이루고, 믿음으로 병을 고쳤다는 이야기를 많이 듣다 보니 믿음을 곧 '파워'라고 여기는 것이다. 둘째, 믿음의 대상과 내용을 먼저 떠올린다. 그리스도인에게 믿음이란 예수를 믿으면 구원을 받는다는 '내용'을 염두에 두는 표현이다.

　어느 날 밤 엄마가 아이에게 뒷마당에 있는 창고에 가서 빗자루를 가지고 오라고 시켰다. 아이가 무서워서 못 가겠다고 하자 엄마가 이렇게 말했다. "괜찮아. 밖에 예수님이 계신데 뭐가 무섭니? 널 지켜주실 거야." 그러자 아이가 잠시 가만히 있다가 뒷문을 살짝 열고 외쳤다. "예수님, 거기에 계시면 빗자루 좀 가져다주세요." 이 상황에서 누가 더 믿음이 좋다고 볼 수 있을까? 아이는 엄마와 달리 믿음의 능력과 내용을 넘어 정말 하나님이 계심을 확신하고 행동했다.

포스트모더니즘, 후기 현대주의 사회는 믿음에 대해 많은 도전을 걸어온다. 절대적 진리의 존재 자체가 거부당하고, 상대적으로 인정해 주어야 가치가 있다고 여기는 시대이다. 그래서 우리의 믿음도 상대적인 것이고, 영원할 수 없다고 말한다. 그런 도전과 비판 앞에서 우리는 절대적이고 바른 신앙을 지켜야 한다. 이 신앙의 핵심이 사도신경 안에 있다. 어떤 사람들은 사도신경은 성경에도 나오지 않고 인간이 만든 교리이므로 그것보다는 성경을 공부하는 일에 더 집중해야 한다고 주장한다. 실제로 교회사를 돌아보면 교리나 신학에 대한 비판이 많았다. 그래서 신앙의 뼈대를 세우지 못했고, 그 결과 하나같이 신앙과 삶까지도 무너졌던 경우를 쉽게 찾아볼 수 있다.

사도신경을 살펴봄으로써 우리는 믿음이 무엇인지, 시대적 도전 앞에서 어떤 변증적 태도를 취해야 하는지 배울 수 있다. 그뿐만 아니라 다음 세대에 무엇을 신앙의 유산으로 물려주어야 하는지, 내 믿음의 어떤 부분이 빈약한지도 확인할 수 있다. 모쪼록, 이 사도신경 속에서 우리의 신앙 고백이 달라지고, 받은 구원에 대한 감격을 회복하기를 기대한다.

1. 사도신경이란?

"사도신경(The Apostles' Creed)"은 '사도들의 신앙 고백'이라는 뜻이다. 열두 명의 사도가 썼고, 라틴어 사도신경은 열두 문장으로 구성되어 있다. 4세기 루피누스(Rufinus Tyrannius)는 사도신경을, 오순절 성령 강림 이후 전 세계로 복음이 전해지면서, 각 지역에 다른 교리를 전할 위험을 막기 위해 사도들이 각각 하나씩 말한 조항을 모은 것이라고 기록했다. 하지만 15세기에 로렌초 발라(Lorenzo Valla)는 예수님의 말씀에 근거를 두고 사도들이 신앙을 고백한 것이 오랜 시간을 거쳐 요약되어 내려왔고 이것이 사도신경이 되었다고 주장했다.[1] 이 주장이 더 타당성이 있다.

사도신경의 주요 내용은 '삼위일체 하나님이 우리를 구원하고자 하신 일과 우리에게 분부하신 모든 것'이다. 참고로, 삼위일체(三位一體)란 한 분이신 하나님께서 성부, 성자, 성령의 세 위격(位格)으로 존재하신다는 뜻이다. 예수님은 이 사실을 직접적으로 이렇게 설명하신다. "너희는 가서 모든 민족을 제자로 삼아 아버지와 아들과 성령의 이름으로 세례를 베풀고 내가 너희에게 분부한 모든 것을 가르쳐 지키게 하라"(마 28:19,20).

보편적인 주일 예배에서 대부분의 교회가 사도신경을 사용한다. 그때 잊지 말아야 할 점은, 그 시간은 내가 주도적으로 '암송(Recitation)'하는 것이 아니라 하나님의 질문에 '응답(Response)'하는 시간이라는 것이다. 즉 사도신경은 암송이 아니라 응답이다. 하나님께서 '너는 무엇을 믿고 있니?' 하시면 '네, 저는 이런저런 것을 믿습니다'라고 대답하는 순서이다. 그러니 어떤 의미에서는 연인 간의 사랑 고백과 비슷하다. 하나님을 향한 짝사랑을 나 혼자 고백하는 것이 아니라, 하나님이 먼저 사랑을 고백하셨고, 거기에 내가 대답하는 것이 사도신경이다.

2. 사도신경의 유래와 내용

사도신경은 교회 역사 속에서 서서히 완성된 고백이다. 2세기 말에 최초로 발견되었고, 4세기쯤 지금과 같은 형태를 띠게 되었다. 그것이 7세기경 '텍스투스 리셉투스(공인된 문서)'라는 이름으로 보급되었고, 9세기경에 교회에서 공식적으로 사용되어 오늘에 이르게 된 것이다.[2]

교회 역사에는 사도신경 말고도 여러 신앙 고백이 있다. "하이델베르크 요리 문답", "벨기에 신앙 고백", 그리고 세례 교육을 받을 때 한 번쯤은 들었던 "웨스트민스터 신앙 고백"과 "웨스트민스터 대소요리 문답" 등이 대표적이다. 다 기독교 신앙을 잘 요약한 고백들이다. '요리(要理)'는 '중요한 교리'라는 뜻이고, '문답'은 질문과 답의 형태로 가르쳤다는 뜻이다. '대요리 문답'은 어른들을, '소요리 문답'은 어린이들을 가르치기 위해서 만든 교리이다.

이천 년 동안 우리는 사도신경의 내용으로 신앙을 고백해 왔다. 창조주(創造主) 성부 하나님은 구원의 계획(Master Plan)을 짜셨고, 구속주(救贖主) 성자 하나님은 구원의 길을 여셨고, 성화자(聖化者) 성령 하나님은 구원을 완성해 가심을 고백해 온 것이다. 같은 맥락에서, "하이델베르크 요리 문답" 24문을 보면, 사도신경이 세 부분으로 나뉜다고 설명한다. 첫째는 성부 하나님과 우리의 창조, 둘째는 성자 하나님과 우리의 구속, 셋째는 성령 하나님과 우리의 성화이다.

3. 사도신경의 중요성

사도신경이 중요한 이유는 첫째, 진리가 무엇인지 가르쳐 주기 때문이다. 복음은 기본적으로 한곳에 머물지 않고, 열방으로 전파되는 속성을 지녔다. 전파된 복음은 각 사회의 다양한 상황과 문화 속에서 신앙으로 자리 잡게 된다. 이 과정에서 많은 변질과 왜곡이 일어날 수 있다. 하지만 진리만큼은 변질되어서는 안 된다. 이 진리의 핵심 내용이 바로 사도신경이다. "진리를 알지니 진리가 너희를 자유롭게 하리라"(요 8:32). 진리가 기준이다. 기준이 서야 잘못된 신앙과 건강한 신앙을 분별할 수 있고, 이단(異端: 모든 것이 같고 끝만 다름)을 멀리할 수 있다. 진리가 죄와 부패와 불신앙적 시대의 도전으로부터 우리를 자유롭게 해 준다.

둘째, 사도신경을 통해서 믿음이 계승되기 때문이다. 확실한 신앙의 고백은 그 고백을 통해서 성경 속 세대의 신앙을 공유할 수 있도록 해 준다. 그리고 더 나아가서, 이 신앙을 우리 다음 세대에 전할 수 있게 해 준다. 신앙의 체험이나 감정을 물려주면 신앙의 계승이 잘 이루어지지 않는다. 한국 교회는 이 부분을 놓쳤다. 한국에 복음이 들어온 지 한 세기가 지나가는 시점에, 다음 세대에 신앙을 전수해야 하는 데 위기감을 느끼는 이유가 여기에 있다. 우리는 우리의 체험적 신앙이 아니라 복음적 신앙, 말씀을 근거로 한 신앙을 다음 세대에 물려주어야 한다. 그래서 하나님의 복음도, 구원의 의도도 다 명확하게 글로 기록되어 전해지고 있는 것이다. 오늘날처럼 믿음의 다음 세대가 점점 줄어가는 상황 속에서 신앙의 전수를 위한 신앙 고백은 그 어느 때보다 더욱 중요하게 다가온다.

셋째, 신앙 고백이 삶의 지표가 되기 때문이다. 신앙 고백은 하나님을 향한 고백이면서, 동시에 공동체를 향한 고백이다. 사도신경은 '우리가 믿습니다'가 아닌 '내가 믿습니다'로 시작한다. 개인의 신앙 고백으로 시작해서 공동체가 모여 고백하는 형태가 된 것이다. 나아가서, 사도신경은 세상을 향한 고백이기도 하다. 우리가 왜 이렇게 사는지 의아해하는 세상을 향해 '우리는 이런 믿음으로 살아갑니다'라고 선포하는 것이다. 현대 사회는 우리에게 앞으로 더 거친, 더 거대한 싸움을 걸어올 것이다. 그런 세상의 도전 앞에서 성경에 근거한 바른 신앙 고백은 우리 삶의 명확한 지표가 되어 준다.

4. 믿음이란 무엇인가?

한글 사도신경은 첫 부분에서 '전능하사 천지를 만드신 하나님'을 '내가 믿사오며'라고 고백하고, 전체적으로 '믿다'라는 표현이 총 네 번 나온다. 그러나 라틴어 원문에서는 '나는 하나님을 믿습니다(Credo in Deum)'라는 고백이 제일 처음 나오고, 전체적으로 성부, 성자, 성령 하나님을 '믿는다'고 세 번 말한다. 즉, 우리가 선포하는 이 사도신경은 믿음에 관한 내용이다.

사람들은 종종 믿음이라는 개념을 잘못 이해한다. 일종의 신념이나 주관적 감정, 혹은 신비한 체험을 믿음이라고 여긴다. 한국처럼 오랫동안 여러 종교를 혼합해서 믿었던 민족은 기독교 신앙도 그 종교들의 영향을 많이 받는다. 불교를 믿었던 사람은 고행을 통한 득도(得道)를 믿음으로 여기기가 쉽다. 내가 아는 한 성도는 교회 문 앞에서 항상 합장(合掌) 자세로 인사를 했다. 그리고 담임 목사님을 '주지' 목사님이라고 불렀다. 유교에 영향을 받았다면 좋은 관계를 유지하는 겸양을 믿음이라고 생각할 것이고, 무속 신앙에서는 신비 체험을 그렇게 볼 것이다. 가난과 질병으로부터 벗어나게 해 주는 수단으로 믿음을 보기도 한다.

기독교 믿음은 여기서 한 걸음 더 나아간다. 가난과 질병을 넘어 죄로부터 구원해 주는 도구가 바로 믿음이다. 그래서 믿으면 죄 없는 자가 받는 영생을 받는다. '나는 믿습니다'라는 고백은 세상에서 가장 위대한 고백이다. 이 한마디의 진실한 고백이 우리에게 영생으로 가는 길의 문을 열어 준다. 하지만 믿음은 우리 힘으로는 가질 수 없다. 믿음은 하나님께서 은혜로 주시는 선물이기 때문이다. 나의 노력이 아니라 하나님의 은혜가 믿음을 갖게 하고, 그 믿음이 영생으로 이어지는 개념이다. "너희는 그 은혜에 의하여 믿음으로 말미암아 구원을 받았으니 이것은 너희에게서 난 것이 아니요 하나님의 선물이라"(엡 2:8). 그러니 '믿는다'라는 고백은 우리 힘으로는 구원받을 수 없음을 시인하는 것에 가깝다.

이는 우리가 가진 믿음으로 다른 사람들을 정죄할 수 없다는 뜻이기도 하다. 내가 상대방보다 믿음이 더 좋은 것 같은가? 혹시 그것이 사실일지라도 이는 내가 그보다 덜 나은 사람이라서 하나님께서 더 좋은 믿음을 허락하신 것일지도 모른다. 그러므로 '저 사람은 왜 저렇게 신앙생활을 제대로 못 하는 거지?'라고 말할 수 없다. 하나님이 각자의 분량에 맞추어 믿음을 주신 것이다. 이런 신앙적 사고는 불성실한 신앙생활의 변명거리가 아니라 남을 이해하려는 근거로 사용해야 한다.

5. 입으로 시인하여 구원을 얻음

구원을 얻게 하는 믿음은 입으로 시인하는 것이 중요하다. 왜냐하면 구원은 혈통이나 돈이 아닌, 오직 믿음의 고백으로만 얻을 수 있기 때문이다. "주는 그리스도시요 살아 계신 하나님의 아들이시니이다"(마 16:16)라는 베드로의 고백을 떠올려 보라. 예수님이 먼저 제자들에게 "너희는 나를 누구라 하느냐"라고 물으시자 베드로가 저렇게 대답했다. 이 대답을 들으신 예수님께서 베드로를 축복하신다. "바요나 시몬아 네가 복이 있도다 … 내가 이 반석 위에 내 교회를 세우리니"(마 16:17, 18). 이 형식이 바로 오늘날 예배의 원형이다. 베드로의 신앙 고백은 하나님의 질문에 대한 답이었다. 그 고백에 따라 말씀이 선포되고, 마지막에는 또 성부, 성자, 성령의 이름으로 축복이 선언된다. 이것이 예배 마지막을 장식하는 축도이다. 이 마태복음 16장을 원형으로 삼아 우리의 예배가 디자인되었다. 왜 베드로의 이 고백이 위대한가? 그가 이렇게 고백함으로써 요한의 아들 시몬에서 하나님의 아들이 되었기 때문이다(참조. 요 1:42).

성경에서는 믿음을 소리 내어 시인하라고 한다. "사람이 마음으로 믿어 의에 이르고 입으로 시인하여 구원에 이르느니라"(롬 10:10).

그냥 마음으로만 믿고 소리 내어 말하지 않으면 안 될까? 우리의 고백을 기다리는 수신자 하나님이 계시기에 말로 고백하라는 것이다. 우리가 사도신경을 암송하는 이유가 여기에 있다. 이 고백은 허공에다 대고 하는 것이 아니라 하나님께 하는 것이다. 하나님께서 '너는 무엇을 믿니?'라고 물으시면, '네, 저는 천지를 만드신 하나님을 믿고, 그리스도를 믿고, 성령을 믿습니다'라고 대답하는 것이 바로 사도신경을 암송하는 시간이다.

우리는 매주 사도신경으로 우리의 신앙을 고백한다. 그것은 입술의 고백이며, 평생 한 번 받는 세례를 재연하는 것이다. 매주 하나님은 이 고백을 들으시고 '그래, 너는 구원받았단다!'라고 선언해 주신다. 우리가 사도신경을 소리 내어 외울 때마다 이 감격스러운 예배의 참여자가 되는 것이다.

6. 보이지 않는 것을 믿음

우리가 믿음으로 고백하는 내용은 손에 잡히지 않고 눈에도 보이지 않는다. 그래서 세상 사람들은 우리를 이상하게 여긴다. 하지만 사실 모든 사람에게는 믿음이 있다. 예를 들어, 무신론자들은 하나님이 없다는 믿음을 가졌고, 신을 알 수 없다고 말하는 불가지론자들은 알 수 없다는 믿음을 가졌다. 건물에 들어가는 사람도 무의식 중에, 이 건물이 붕괴하지 않으리라는 믿음이 있는 것이고, 지하철을 타는 사람도 이 지하철이 나를 목적지까지 데려다주리라는 믿음이 있는 것이다. 내가 진짜로 우리 어머니 배 속에 있었는지 알 수는 없지만 어머니가 맞다고 믿기에 그분과 한 집에서 같이 사는 것이다.

세상 모든 사람은 믿음을 가지고 그 믿음대로 행동하며 살아간다. 보이지 않을 뿐이고 내용이 다를 뿐이다. 성경은 믿음의 정체성을 이렇게 설명한다. "믿음은 바라는 것들의 실상(바탕, 근거)이요 보이지 않는 것들의 증거(확증)니"(히 11:1). 믿음은 보이지 않으므로 우리는 믿음을 가진 이들의 고백과 삶을 통해 '아, 저것이 믿음이구나!' 하고 믿음을 확증한다. 성경은 보이지 않는 하나님의 존재를 증명하려고 하지 않는다. 그저 하나님이 계신다는 사실을 전제로 놓고 이야기를 시작한다. 그러니까 무언가를 믿는다는 것은 설득이 아니라 초청이다.

7. 믿음과 지식의 관계

한국 교회 안에는 믿음(Pistis)과 지식(Episteme)이 모종의 대립 관계에 놓여 있다. 헬라 철학의 영향이다. 그 철학에서는 '믿음'을 감각과 상상을 통해 그렇게 생각하는 정도, 의견 따위의 하등한 것으로 간주했다. 반면에 '지식'은 실재하는 현실에 대한 올바른 앎이라고 높게 평가했다. 하지만 이는 성경의 가르침이 아니다. 성경은 믿음과 지식이 대립된다고 말하지 않는다. 믿음이란 확실히 앎을 전제로 하기 때문이다. 그러기에 신앙 고백은 어렴풋이 짐작하거나 그렇다고 치거나 덮어놓고 믿겠다는 표현이 아니다. 정확하게 아는 지식을 바탕으로 믿음이 서야 한다. 그러므로 우리는 평생 하나님을 알아 가야 할 의무가 있고, 또 알려고 애를 써야 한다.

　믿음에는 단계가 있다. 처음부터 모든 것을 알고 믿을 수는 없다. 믿기로 마음을 여는 것이 먼저이다. 그리고 하나님의 도우심을 구하면서 알아 가다 보면, 언젠가는 부인할 수 없을 만큼 확실한 믿음을 선물로 받게 된다. 어떤 신비한 이론에 이끌려 최면에 걸리는 것이 아니다. 하나님께서 나에게 믿음을 주실 기회를 드리라. 적극적으로 마음을 열어 보라. 그리고 배워 가라. 그러면 언젠가는 '나도 이제는 믿습니다'라고 감격스럽게 고백할 날이 올 것이다.

8. 정리

　신앙 고백이란 무엇인가? 단순히 예수 믿으면 구원을 얻는다고 고백하는 것이 아니라 성삼위 하나님께서 나에게 구원을 주고자 행하신 일을 믿는다고 고백하는 것이다. 그렇기 때문에 신앙 고백은 오히려 내 힘으로는 구원을 얻을 수 없음을 시인하는 것이다. 이 고백은 기계적인 암송이 아니라 하나님의 질문에 대답하는 것이다. 믿음은 보이지 않지만, 믿음을 가진 이들과 내 삶의 경험, 그리고 말씀을 통해 확증된다. 그러므로 시간이 필요하다. 믿는다는 것은 무턱대고 그렇다고 치는 것이 아니라 하나님을 확실히 아는 지식을 전제로 한다.

우리의 신앙생활은 갈수록 더 험난하고 더 힘들어질 것이다. 우리는 어느 때보다 더욱 우리의 믿음을 견고하게 세워야 한다. 믿음은 하나님이 우리에게 주시는 선물이다. 다만 우리는 하나님의 말씀을 상고하고 배울 뿐이다. 사도신경으로 신앙을 고백하는 일은 성경 속 세대의 신앙을 공유하게 하고, 또 우리 다음 세대에 그 신앙을 전수할 수 있게 한다. 우리의 신앙 고백을 하나님께서 듣고 계신다. 이 고백을 통해서 우리는 우리의 믿음을 공고히 세워 갈 수 있다.

◈ 말씀으로 믿음의 뼈대 세우기

1. ☐☐이 믿음에 이르게 한다. - 롬 1:17
2. 나는 믿음으로 ☐☐☐ 하심을 받는다. - 롬 5:1
3. 믿음은 그리스도의 말씀을 ☐☐에서 난다. - 롬 10:17
4. 믿음은 하나님의 ☐☐에 있다. - 고전 2:5
5. 내가 믿음 안에 있는지 스스로 ☐☐해야 한다. - 고후 13:5
6. 내 삶의 목적은 ☐☐ 안에서 사는 것이다. - 갈 2:20
7. 나는 믿음으로 하나님의 ☐☐이 된다. - 갈 3:26
8. 나는 믿음으로 ☐☐을 받는다. - 엡 2:8
9. 믿음은 ☐☐을 이기는 방패와 같다. - 엡 6:16
10. 믿음은 ☐☐☐ 것이다. - 히 13:7
11. 믿음의 시련이 ☐☐를 만들어 낸다. - 약 1:3
12. ☐☐이 없는 믿음은 죽은 것이다. - 약 2:17
13. 나는 세상을 믿음으로 ☐☐ 한다. - 요일 5:4
14. 나는 믿음 위에 ☐☐을 세워야 한다. - 유 1:20
15. 믿음은 ☐☐☐ 것들의 실상이다. - 히 11:1

시험 행함 믿음 시험 들음 의롭다 승리 인내
능력 아들 자신 바라는 믿음 구원 본받는

◈ 나눔으로 신앙의 뼈대 세우기

"믿음"

❖ **다가서기**

: 오늘날 우리의 믿음에 대한 세상의 도전들은 어떤 것이 있는지 나누어 보라.

❖ **깊이 보기**

1. 사도신경(The Apostles' Creed)의 의미는 무엇이고, 우리가 고백하는 신앙의 핵심 내용은 무엇인가?(마 28:19, 20)

2. 사도신경은 어떻게 구성되어 있는가?("하이델베르크 요리문답" 24번)

   문) 이 조항들은 어떻게 나닙니까?
   답) 세 부분으로 나닙니다. 첫째, ☐☐ 하나님과 우리의 ☐☐ (Creation), 둘째, ☐☐ 하나님과 우리의 ☐☐ (Deliverance), 셋째, ☐☐ 하나님과 우리의 ☐☐ (Sanctification)에 관한 것입니다.

   구속   성령   성부   창조   성자   성화

3. 이 시대에 사도신경이 왜 중요한지 자신의 말로 세 가지를 말해 보라.

4. 매 주일 당신은 어떤 심경으로 사도신경을 암송하는가? 이 고백에 하나님께서 무엇이라고 답하실 것 같은가? 그렇게 생각하는 이유는 무엇인가?

5. 사도신경에 나오는 '나는 믿습니다(Credo in)'는 무슨 뜻인지 앞에서 읽은 내용을 토대로 자신의 생각을 나누어 보라.

6. 믿음이란 무엇일까? 그동안 믿음을 잘못 이해했다면 왜 그러했는지 나누어 보라.

7. 성경이 말하는 믿음이 당신의 의견과 어떻게 다른지 나누어 보라(롬 10:10; 엡 2:8; 히 11:1).

8. 당신이 생각하는 믿음은 무엇인지 자신의 말로 정리해서 발표해 보라.

성경 속 세대의 믿음과 우리의 믿음, 그리고 다음 세대의 믿음이 똑같아지는 방법이 바른 신앙을 고백하는 것이라면, 바른 신앙을 갖기 위해 내가 할 수 있는 일은 구체적으로 무엇일까?

❖ **다짐하기**

제 2 강

전능하신 창조주 하나님 아버지

"전능하사 천지를 만드신 하나님 아버지를 내가 믿사오며"

사도신경의 주요 내용은 '예수 믿으면 구원받는다'가 아니라 '삼위 하나님께서 나의 구원을 위해서 어떤 일을 하셨는가?'이다. 라틴어 사도신경은 열두 개의 문장으로 구성되어 있고, 그 첫 문장이 '전능하사 천지를 만드신 하나님 아버지를 내가 믿습니다'이다. 성부 하나님이 어떤 분이고, 그 하나님을 믿는다는 것이 무엇인지 제일 먼저 가르쳐 주는 것이다. 하나님은 전능하신 분이고, 천지를 만드신 분이다.

1. 전능하신 하나님

하나님을 믿는 우리에게 하나님이 전능하신 분이라는 명제는 너무도 당연하다. 하나님께서 못 하시는 것이 있을까? 답이 너무 뻔하다. 하지만 이 문제는 그렇게 쉽지 않다. 다음의 질문을 생각해 보자. "하나님은 자신이 들 수 없는 돌을 창조하실 수 있을까?" 만약 그런 돌을 만들 수 없다면, 전능하지 않은 것이다. 반대로 만들 수 있다 해도 전능하지 않은 것이다. 왜냐하면 들 수 없기 때문이다. 고로 하나님은 돌을 만드시든, 만드시지 않든 전능하지 않으신 분이다. 이것이 하나님의 전능하심에 대해서 반박하는 그 유명한 '돌의 역설(The stone paradox)'이다.[3]

사실, 이 질문은 그 내용 자체가 틀렸다. 하나님은 본성에 어긋나는 일은 하실 수 없다. 하나님이 들 수 없거나, 만드실 수 없는 것이 있는가? 없다. 하나님은 죄를 지을 수 없고, 하나님이 아닐 수가 없고, 존재하심을 멈추실 수가 없다. 분명한 것은 하나님의 전능하심은 논쟁거리가 아니라 예배와 관련된 내용이라는 점이다.

1) 주관하시는 하나님

초대 교회 성도들에게 '전능하신 하나님(엘 샤다이)'을 믿는다는 것은 어떤 의미였을까? 그것은 이스라엘의 역사를 주관하셨던 하나님을 믿는다는 고백이었다. 전능하신 하나님은 구약 이스라엘의 역사에서 중요한 시점마다 당신 백성의 모든 일을 주관하셨다. 아브라함에게도 '엘 샤다이'의 이름으로 말씀하셨고, 가시나무 떨기 불꽃 가운데서 모세를 만나실 때도, 시위대 뜰에 갇힌 예레미야를 찾아가셨을 때도 엘 샤다이셨다. 에스라, 느헤미야를 감동하셔서 포로지에서 귀환한 백성을 돌보게 하신 분도 엘 샤다이셨다. 바로 이 엘 샤다이의 하나님을 믿는다고 고백한 것이다. 이런 맥락에서 우리도 전능하신 하나님을 이해할 필요가 있다. 엘 샤다이를 믿는다는 우리의 고백은 내 인생 역사를 주관하시는 하나님을 믿는다는 고백에 더 가까운 셈이다.

그렇기 때문에 이 고백은 일종의 결단의 성격을 띤다. '비록 약함 속에서 살지라도 나의 강함을 구하지 않고 하나님의 강함을 의지하며 살아가겠습니다'라는 결단이 '전능하신 하나님(엘 샤다이)을 믿습니다'라는 고백이다. 이 세상은 더 빨리 가야 하고, 더 높이 올라야 하며, 더 강해지고, 더 많이 모아야 한다고 주장한다. 하지만 우리는 그렇게 살려고 하나님을 믿지는 않겠다고 다짐하는 고백이다.

2) 복 주시는 하나님

그뿐만 아니라 복을 주시는 분이 하나님이심을 믿는다는 고백이다. 하나님은 아담에게 생육하고 번성하여 땅에 충만하라고 하실 때, 그리고 99세가 된 아브라함에게 자식을 낳게 하리라고 약속하실 때 전능하신 하나님으로 찾아오셨다. 이 복의 핵심은 이것이다. "그들은 내 백성이 되겠고 나는 그들의 하나님이 될 것이며"(렘 32:38). 이 복이 예수님의 십자가 사건으로 성취되었다. 이 복은 하나님이 먼저 주도하셨고, 또 이루셨다. 하나님의 신실하심으로 인하여 주어진 복이다. 내 지혜, 내 실력, 그리고 내 상황과 내 현실과도 아무 상관이 없다.

바울은 이 진리를 이렇게 표현한다. "내가 궁핍하므로 말하는 것이 아니라 어떠한 형편에든지 나는 자족하기를 배웠노니"(빌 4:11). 여기서 '자족하기'란 어떤 형편에서든지 이 상황은 하나님이 주도해 가시는 복된 상황임을 믿는 것이다.

3) 하나님의 때를 믿음

하지만 이 믿음은 하나의 질문에 부딪히게 된다. "하나님이 전능하신데, 왜 이 세상에는 그토록 '끔찍한 악(Horrendous evil)'이 존재하는가?" 풀어서 말하면, "선하고 전능하신 하나님이 살아 계신데, 어떻게 쓰나미로 수만 명이 죽고, 육백만 명의 유대인이 학살당하며, 청소년 수백 명이 수장되는 일이 일어날 수 있는가?"라는 것이다.

1587년 도요토미 히데요시(豊臣秀吉)의 사제(司祭) 추방령으로 시작된 일본 규슈 지역의 무자비한 핍박으로 무려 이백오십 년간 오만 명 이상의 그리스도인들이 순교했다. 어떤 마을에서는 바닷가에 십자가를 세워 놓고 믿는 사람들을 매달아 며칠씩 조수 간만에 따라 물에 잠겼다가 나오는 고통 속에서 죽어 가게 내버려 두었다. 그렇게 많은 순교의 피를 흘리고도 아직 한 번도 부흥이 오지 않은 땅, 그래서 언젠가는 부흥이 올 땅이 일본이다. 그런데 하나님이 살아 계시다면 그토록 처절하게 울부짖는 그들의 기도를 왜 듣지 않으셨으며,

왜 그런 악을 지켜보고만 계셨을까?

하나님의 때가 있기 때문이다. 언젠가는 하나님께서 이 세상의 악을 완전히 정리하실 것이다. 악의 문제는 하나님이 존재하고 안 하시고의 문제가 아니다. 하나님의 때와 관련이 있다. 그러니 세상에 악이 만연하다고 해서 하나님이 전능하지 않으신 것이 아니다. 전능하신 하나님을 믿는다는 고백은 비록 세상에 악이 만연해도 하나님의 때가 있음을 믿는 것이다.

2. 창조주 하나님

하나님의 창조는 너저분한 것을 정리 정돈하신 '만듦'이 아니다. 무(無)로부터 존재와 가치로의 시작이다. 하나님은 보이는 것뿐만 아니라 보이지 않는 모든 것을 창조하셨다. 하지만 애석하게도 아무도 창조의 순간을 보지 못했다. 심지어 첫 사람 아담도 말이다. 그래서 지금까지 창조에 대해 많은 의문과 부정(否定)이 있어 왔다. 이 땅에 존재하는 모든 것은 우연히 생겨나서 희한하게 진화했다고 주장하기도 하고, 지구 자체도 단지 폭발로 일시에 생겨나서 발전했다고도 한다. 물론 하나님은 '우연'과 '희한', '진화'와 '폭발', '발전'까지 사용해서 세상을 창조하실 수 있는 분이다.

여기서 짚고 넘어가야 할 것이 있다. 진화와 진화론은 다르다는 점이다. 진화는 자연계 안에서 일어날 수 있는 현상으로, 지금도 소소하게 조금씩 일어나고 있다. 진화론은 세계관이다. 우리는 부분적인 진화의 현상은 인정할 수 있지만, 세계관으로서의 진화론, 인류가 진화해서 만들어졌다는 이론은 받아들일 수 없다. 창조는 오직 하나님을 향한 믿음으로 고백해야 한다(히 11:3).

1) 계획이 있으신 하나님

태초에 하나님께서 6일 동안 천지를 창조하신 이유는 결국 인간들을 위해서였다. 이 세상의 모든 것이 우리를 위해 만들어졌다. 창조는 나를 향한 가장 큰 선물이다. 언젠가 한 초등학생이 '나는 부모님이 실수해서 태어났대요'라고 말하는 것을 들었다. 그렇지 않다. 우리는 실수나 우연으로 태어날 수 없다. 사람은 계획하지 않을 수 있어도, 하나님의 계획 없이 태어난 사람은 한 명도 없다. 즉 하나님께는 나를 향하신 분명한 계획이 있다. 이것이 천지를 지으신 하나님을 믿는 믿음이다. 단순히 창조 업적을 믿는 것이 아니다.

2) 교제하고 싶으신 하나님

하나님은 우리를 하나님의 형상(Imago Dei)대로, 그리고 남자와 여자로 창조하셨다. "하나님이 자기 형상 곧 하나님의 형상대로 사람을 창조하시되 남자와 여자를 창조하시고"(창 1:27). 성부, 성자, 성령께서 함께 존재하시며, 서로 교제하시는 것처럼 인간도 남자와 여자가 함께 존재하며, 서로 교제하는 모습으로 만드셨다는 뜻이다. 우리도 하나님처럼 교제하며 살도록 창조하셨으며, 동시에 우리와 교제하기를 원하셨다는 것이다.

이 구절은 창조주가 되심으로써 하나님 스스로가 낮아지셨음을 암시한다. 하나님은 무언가가 필요하지 않으신, 홀로 충만하신 분이다. 누구와 교제하실 필요도 없는, 홀로 완전하신 분이다. 그분은 교제가 갈급해서 인간을 창조하신 것이 아니다. 그저 사랑하셔서 창조하셨다. 굳이 창조할 필요가 없는데도 인간을 창조하셔서 자신과의 교제의 자리로 우리를 초대하신 것이다. 얼마나 감사하고, 얼마나 황송한 일인가? 그러니 우리는 이 땅에서 하나님과 깊이 교제하는 삶을 살아야 한다. 이것이 바로 '천지를 만드신 하나님을 믿습니다'라는 고백의 또 다른 의미이다.

3) 섭리의 하나님

천지를 만드신 주님은 지금도 천지를 보존(Preservation)하시고, 다스리시고(Government), 우리와 협력(Cooperation)하신다(시 104편). 이것을 '하나님의 섭리(Divine providence)'라고 부른다. 하나님께서 한순간이라도 이 세계에서 손을 떼시면 세상은 즉시 무너져 무(無)로 돌아갈 것이다. 그러므로 천지를 창조하신 하나님을 믿는다는 이 고백에는 '하나님께서 지금도 우리를 돌보아 주심을 믿습니다'라는 뜻이 포함되어 있다.

하나님은 인간이 범죄한 후에도 인간을 포기하지 않으셨다. 뱀과 땅은 저주하셨지만, 인간을 향해서는 저주하지 않고 가죽옷을 지어 입혀 주심으로 회복시키실 것을 보여 주셨다. 이러한 창조주이심을 믿는다는 것은 '세상 어떤 것도 하나님의 사랑에서 나를 끊을 수 없습니다. 하나님은 나를 끝까지 책임지실 것입니다'라는 고백이다.

이 창조주 하나님을 신뢰하는 믿음으로 우리는 그동안 겪은, 그리고 앞으로 겪을 모든 일을 하나님의 섭리로 받아들여야 한다. "우리가 알거니와 하나님을 사랑하는 자 곧 그의 뜻대로 부르심을 입은 자들에게는 모든 것이 합력하여 선을 이루느니라"(롬 8:28). 하나님께서는 나에게 일어나는 모든 고통스러운 일들을 선으로 바꾸실 것이다. 이 믿음이 바로 천지를 만드신 주님을 내가 믿는다는 고백이다. 이제 '염려'에서 벗어나기를 바란다. 무언가에 대해 염려한다는 것은 하나님이 지금도 나를 돌보고 계심을 의심하거나 아예 망각해 버리는 불신앙이다. 나는 연약하지만 나를 창조하신 분이 나를 전적으로 책임지실 것을 믿고 사는 것이 창조주 하나님을 믿는 삶이다.

3. 아버지이신 하나님

하나님이 아버지라는 사실은 무슨 일이 있어도 놓쳐서는 안 되는 고백이다. 전능하사 천지를 만드신 분이 우리 아버지가 아니라면 그분은 우리의 심판자가 되실 수밖에 없기 때문이다. 우리를 심판하고 대적하는 자가 전능하다면 어떻게 되겠는가?

1) 성삼위 하나님의 역사(役事)

죄인인 우리가 감히 하나님을 아버지라고 부를 수 있는 근거는 무엇일까? 성자 예수께서 십자가에서 우리를 대신해 죽으셨기 때문이다. 이를 보혈의 공로라고 한다. 이 공로로 하나님의 원수인 우리가 하나님의 자녀가 되었다. 하지만 이 사실만으로는 하나님을 아버지라고 부를 수 없다. 성경을 보면 성령 하나님께서 우리 속에서 우리가 하나님의 자녀임을 증언하고 계신다. "성령이 친히 우리의 영과 더불어 우리가 하나님의 자녀인 것을 증언하시나니"(롬 8:16).

성경을 열심히 읽고 제자 훈련을 잘 받는다고 해서 하나님의 자녀가 되는 것이 아니다. 성부, 성자, 성령 하나님께서 한순간도 쉬지 않고 함께 우리를 도우시고 우리에게 역사하시고, 우리를 위해 말씀을 증언해 주셔야 한다. 그러니 하나님이 아버지로 믿어지는 것은 세상에서 가장 놀라운 일 중의 하나이다.

2) 닮아 가야 하는 하나님

육신의 아버지에게 상처를 많이 받아서 하나님을 아버지라고 부르는 것이 어려운 성도들이 있다. 아버지의 원형은 인간 아버지가 아니라 하늘 아버지이다. 우리는 하늘 아버지의 사랑을 받는 자녀이다. 자녀란 필연적으로 아버지를 닮기 마련이다. 그러므로 우리가 하나님을 아버지로 믿는다는 고백은 '나도 아버지 하나님처럼 자비로운 삶을 살겠습니다'라는 뜻이다. 이것이 기독교 윤리이다. 아버지를 닮아 가는 것, 그분의 성품을 본받는 것이 기독교 윤리이다.

3) 돌보시는 하나님

아버지는 자녀에게 필요한 것을 제공해 주고 불편한 점은 없는지 살피고 돌보아 준다. 하나님을 아버지로 믿는다는 고백에는 그분이 나를 구원하셨고, 내 일상의 필요도 책임져 주심을 믿는다는 내용도 들어 있다. 예수님은 이 사실을 잘 믿지 못하는 우리에게 이렇게 말씀하신다. "하나님이 공중의 새와 들의 백합화도 입히고 먹이시거늘 너희는 더욱 돌보지 않으시겠느냐."

4) 자신을 낮추신 하나님

하나님이 우리의 아버지 되심은 그분 스스로 낮아지심의 극단이다. 예를 들어 보자. 우리는 아무리 낮아진다한들 구더기의 아버지가 될 수 없다. 더구나 그 구더기들을 살리고자 내 아들을 그들 속에 보내어 그들로 하여금 살을 파먹게 둘 수도 없다. 하나님이 인간의 아버지가 되어 주신다는 말은 이 구더기 예시보다 훨씬 더 낮고 천한 일을 감당하신다는 뜻이다. 구더기보다 못한 우리를 위해서 아들을 보내셨으며 우리를 자녀로까지 삼아 주셨다. 이 얼마나 감사한 일인가? 하나님을 아버지라고 부르는 것은 그저 의지할 대상을 찾고자 부르는 것이 아니라, '그 값지고 값진 하나님의 사랑을 제가 알고 있습니다'라는 고백이다.

4. 정리

"전능하사 천지를 만드신 하나님 아버지를 믿습니다." 이 문장에는 하나님의 낮아지심, 지금까지 우리를 돌보고 계심, 끝까지 사랑하심의 내용이 담겨 있다. 전능하심에 대한 고백은 나의 강함이 아니라 하나님의 강함을 의지하며 살겠다는 결단이고, 수많은 악의 만연함 속에서도 하나님을 믿는다는 내용이다. 천지 창조에 대한 고백은 하나님께서 나를 향해 놀라운 계획이 있으시며, 그 하나님이 어떤 어려움도 합력하여 선을 이루실 것을 믿는다는 선언이다. 하나님을 아버지라고 부르는 고백은 지금도 나의 일상을 돌보고 계신 분이 하나님이시고, 그런 아버지를 닮아 이 땅에서 나도 선하고 자비하며 용서하고 형제를 돌보는 삶을 살겠다는 결단이다.

하나님께서 우리의 아버지가 되시는 것은 하나님의 낮추심이 없이는 불가능한 일이다. 하나님은 그토록 우리를 사랑하신다. 영원히 우리와 교제하기를 원하신다. 우리는 사도신경의 이 첫 고백을 통해 하나님과 더 깊이 교제하고, 하나님의 자녀로, 하늘 아버지의 돌보심을 이 땅에서 누리며 살아갈 수 있다.

◆ 말씀으로 믿음의 뼈대 세우기

1. 하나님은 천지를 ☐☐하셨다. - 창 1:1
2. 하나님은 자기 ☐☐대로 사람을 창조하셨다. - 창 1:27
3. 창조된 백성은 하나님을 ☐☐한다. - 시 102:18
4. 우리의 ☐☐을 창조주께 의탁해야 한다. - 벧전 4:19
5. 창조주 하나님은 우리에게 ☐을 주신다. - 창 48:3
6. 전능하신 하나님은 ☐☐를 행하지 아니하신다. - 욥 34:10
7. 아기로 나신 예수님은 ☐☐하신 하나님이시다. - 사 9:6
8. 전능하신 하나님은 우리에게 ☐☐을 베푸신다. - 습 3:17
9. 하나님은 우리의 ☐☐☐가 되신다. - 고후 6:18
10. 우리는 하나님 아버지께 ☐☐한다. - 마 6:6
11. 하나님 아버지는 우리를 ☐☐신다. - 마 6:26
12. 아버지는 우리에게 ☐☐☐ 할 것을 다 아신다. - 마 6:8
13. 예수님과 하나님 아버지가 우리에게 ☐☐을 주신다. - 눅 11:13
14. 예배하는 자는 영과 진리로 ☐☐☐께 예배해야 한다. - 요 4:23
15. 아버지는 우리에게 ☐☐을 주신다. - 요 6:40
16. 아버지는 우리를 ☐☐하신다. - 요 16:27
17. 아버지와 예수로부터 은혜와 ☐☐이 주어진다. - 고후 1:2

기도 찬양 기르 창조 복 사랑 아버지 평강
구원 성령 아버지 형상 영혼 불의 전능 있어야 영생

◆ 나눔으로 신앙의 뼈대 세우기

"전능하사 천지를 만드신 하나님 아버지를 내가 믿사오며"

❖ **다가서기**

: 지난 강의에서 배운, 사도신경의 내용과 믿음의 의미에 대해서 다시 한 번 정리해 보자. 당신에게 사도신경은 어떤 의미인가?

❖ **깊이 보기**

1. '전능하신 하나님(엘 샤다이)'을 믿는다는 것은 어떤 의미인지 세 가지로 나누어 설명해 보라(렘 32:38; 빌 4:11).

2. 전능하신 하나님이 존재하신다면, 왜 이 세상에 이토록 '끔찍한 악'이 퍼져 있는 것을 그냥 두고만 보시는 것일까?

3. '천지를 만드신 하나님'을 믿는다는 말은 어떤 의미인지 세 가지로 나누어 설명해 보라(창 1:27; 요 1:1; 롬 8:28; 히 11:3). 창조주 하나님은 당신에게 어떤 분인가?

4. 그동안 당신이 겪은 모든 일이 하나님의 섭리라고 믿는가? 그렇지 않다면 그 이유가 무엇인지 구체적인 사례를 들어 설명해 보라.

5. 하나님이 우리의 아버지가 되신다는 사실은 어떤 의미인가?(롬 8:16)

6. 당신은 하나님을 아버지로 믿고 있는가? 하나님을 아버지로 믿는 믿음은 어떤 것인가? 믿지 않는다면 그 이유는 무엇인가?

7. 하나님께서 당신을 돌보신다는 증거를 제시해 보라. 지난 일주일 중 가장 최근의 증거를 나누어 보라.

8. 당신이 생각하는 성부 하나님은 어떤 분인지 정리해 보고, 지체들과 나누어 보라.

　　　　　　　　　　　　　　　　　　　　　　　　　　　　
　　　　　　　　　　　　　　　　　　　　　　　　　　　　
　　　　　　　　　　　　　　　　　　　　　　　　　　　　
　　　　　　　　　　　　　　　　　　　　　　　　　　　　

❖ **다짐하기** : 하나님의 전능하심과 창조주 되심, 그리고 우리의 아버지 되어 주심에 깃들인 '낮아지심'을 묵상하고, 그 하나님을 본받아 살아가기 위한 구체적인 방법과 결단을 기도 제목으로 나누라.

제3강

외아들
주 예수 그리스도

"그 외아들 우리 주 예수 그리스도를 믿사오니"

아기 이름을 예쁘게 지으면 아기가 단명(短命)한다는 옛말이 있다. 이름이 귀하면 귀신이 귀한 자식인 줄 알고 샘을 내서 잡아간다는 논리이다. 그래서 어릴 때는 일부러 천한 이름으로 부르다가 다 크면 진짜 이름으로 부르기도 했다. 실제로 조선 왕실 고종의 아명(兒名)은 '개똥이'였고, 인종의 아명도 '백돌이'였던 것을 보면 이름에 얼마나 중요한 의미를 두었는지 알 수 있다.

기독교 초기 성도들도 '그리스도인'으로 불리기 전에 다른 이름을 썼었다. 심한 핍박 속에서 신앙을 지키기 위한 일종의 암호 같은 것으로, '익투스(ΙΧΘΥΣ)'라는 이름이다. 한국에서 기독교인들이 차량 뒤에 붙였던 물고기 모양의 스티커가 바로 익투스이다. '예수 그리스도는 하나님의 아들, 구주(예수스 크리스투스 데오스 휘오스 소테르)'라는 말의 앞 글자를 따서 만든 것이다. 초대 교회 성도들은 이 이름으로 자신들의 신앙을 표현하고 지키면서, 어려움 속에서도 성도 간의 교제를 나누었다.

사도신경에서는 우리가 믿는 예수님을 여러 측면의 이름으로 부른다. 우리가 어떤 예수님을 믿는가 하는 문제는 심판 날 우리의 운명을 결정짓는 중요한 기준이다. 우리의 믿음에 따라 '심판자 예수'를 만날 수도 있고, '구원자 예수'를 만날 수도 있다. 그러므로 사도신경의 두 번째 문장인 성자에 대한 신앙 고백은 너무도 중요하다. 이는 어떤 개념이나 어떤 주의나 사상이 아닌, 매우 분명한 인격에 대한 고백이다. 그러므로 '그 외아들, 우리 주, 예수, 그리스도를 믿습니다'라는 문장에는 그분에 대한 존중과 우리의 결단이 담겨야 한다.

1. 외아들

예수님이 '외아들'이라는 고백은 어떤 의미일까? 요한복음 3장 16절을 보면, 이 외아들을 '독생자(모노게네스)'라고 소개한다. '유일한(모노스)'과 '존재하다(기노마이)'의 합성어이다. 그러니까 외아들이란 창세 전부터 유일하게 존재하신 성자 하나님이라는 의미이다.

기독교 역사에서는 이 '외아들 되심'에 대해 많은 도전이 있었다. A.D. 200년경 오리겐(Origen)은 '유출설(流出說, Emanationism)'을 주장했다. 예수님은 물이 흘러넘치는 것처럼, 혹은 태양에서 빛이 방사(放射)되어 나오는 것처럼 하나님으로부터 흘러넘쳐서 태어나신 분이고, 우주 만물도 그렇게 창조되었다고 한다.[4] 다른 말로 발출론(發出論)이라고도 한다. 또 A.D. 320년경에는 교회 장로이자 철학자였던 아리우스(Arius)가 예수님은 하나님과 가장 비슷하게 창조된 피조물이라고 주장하기도 했다. 하지만 이런 주장들은 A.D. 325년 니케아 회의에서 나온 "니케아 신앙 고백(The Nicene Creed)"을 통해 정죄당하게 된다.[5] 20세기에는 '역사적 예수 탐구(The Quest of the Historical Jesus)'라는 운동도 일어났었다. 사복음서에 나오는 예수님의 말씀과 행위 중 상식적으로 이해될 수 있는 것만 믿고 나머지 신비적인 부분들은 다 빼야 한다는 주장이다. 하지만 결과적으로 예수님을 임의로 편집해 버리고 말았다.

시편 2편 7절에서는 "내가 여호와의 명령을 전하노라 여호와께서 내게 이르시되 너는 내 아들이라 오늘 내가 너를 낳았도다"라고 기술한다. 여기서 '낳았다(얄라드)'는 생물학적인 출생이 아니라 성부와 성자 하나님이 창세전부터 온전히 연합된 관계임을 나타내는 표현이다. 이 말은 하나님의 아버지 되심을 예수님이 가장 잘 보여 주는 분이라는 뜻이다. 요한복음 14장 6절은 "예수께서 이르시되 내가 곧 길이요 진리요 생명이니 나로 말미암지 않고는 아버지께로 올 자가 없느니라"라고 선언한다. 외아들을 믿는다는 것은 '우리가 예수님을 통해 하나님이 우리 아버지가 되심을 알게 되었습니다'라는 고백이다.

성경은 우리도 하나님의 자녀라고 밝힌다. 하지만 예수님과는 본질적으로 다르다. 예수님은 창세전부터 존재하셨던 아들이시지만,

우리는 그 예수님을 믿음으로 말미암아 입양된 아들이다. '믿는다(크레도)'라는 단어는 라틴어 '꼬르(심장)'와 '다레(주다)'의 합성어이다. 그러니까 자녀가 되었다는 믿음이란 예수님처럼 우리의 심장도 하나님께 드리는 것이다. 그리고 우리도 주님처럼 오직 하나님 한 분만으로 만족하는 삶을 살겠다는 고백이다. 이 세상을 살면서 우리가 하나님께 간구하는 것들, 이를테면 물질, 건강, 성공 등은 어쩌면 얻어야 하는 것이 아니라 오히려 걷어 내야 하는 것일 수 있다. 그것 없이도 하나님만으로 만족하며 사는 삶, 이것이 바로 예수님을 외아들로 믿는다는 고백의 의미이다.

2. 우리 주

'주(主)'는 '퀴리오스'라는 헬라어 칭호를 번역한 것이다. 이 이름은 히브리어 성경을 헬라어로 바꾼 70인역에서 무려 6,000번 이상 하나님을 가리킬 때 사용되었다. 하지만 예수님 당시에는 절대 지존인 로마 황제에게만 붙일 수 있는 칭호였다. 이 칭호를 쓰는 자의 아래에 모든 것이 위치하게 된다. 초기 교회 성도들은 이 칭호를 예수님께 사용했다. 이는 예수님이 곧 하나님이시고, 로마 황제 역시 예수님의 아래에 있다는 뜻이다. 기독교인들은 이 한 단어 때문에 무자비한 핍박을 받는다.

이 고백은 예수님 외에 하늘 아래 다른 주인을 인정하지 않겠다는 결단이고, 삶의 모든 값진 것을 예수님 아래에 두겠다는 결심이다. 이런 참된 고백만이 우리를 천국으로 향하게 한다. 잘못된 고백은 자칫하면 우리를 멸망에 이르게 하는 근거가 될 수 있다. "나더러 주여 주여 하는 자마다 다 천국에 들어갈 것이 아니요 다만 하늘에 계신 내 아버지의 뜻대로 행하는 자라야 들어가리라"(마 7:21).

초대 교회 성도들은 내 삶의 주인이 정말 예수님인지를 확인하며 살아가야 했다. 오늘날 우리의 상황도 어떤 면에서는 비슷하다. 하나님은 때때로 우리에게 경제적인 어려움도 주시고, 건강을 잃게도 하시며, 오해를 받아 억울한 시간을 보내게도 하신다.

하나님은 우리를 사랑하신다고 하면서 왜 그런 고통을 겪도록 내버려 두시는 걸까? 그 모든 상황 속에서 주님이 나의 참주인이심을 드러내고자 하심이다. 즉 모든 상황에는 하나님을 주인으로 드러내야 하는 우리의 역할이 있다는 말이다. 어떤 사람은 가난이라는 역할을 맡는다. 어떤 사람은 불우한 어린 시절을, 어떤 사람은 장애라는 역할을 맡기도 한다. 어떤 사람은 부자를, 어떤 사람은 학자를, 어떤 사람은 못생긴 외모의 역할을 맡기도 한다. 인생은 예수님이 주인이심을 드러내는 역할극이다. 주역(主役)은 내가 아니라 예수님이시다. 인생이라는 하나님의 연극이 걸작 중의 걸작이 되려면, 내 역할을 잘 감당하면 된다. '우리 주 예수 그리스도를 믿습니다'라는 고백은 '어떤 상황 속에서도 예수님이 나의 주인이심을 드러내겠습니다'라는 뜻이다.

예수님을 주인으로 삼은 사람은 어떻게 살아가야 할까? "보라 내가 너희를 보냄이 양을 이리 가운데로 보냄과 같도다 그러므로 너희는 뱀같이 지혜롭고 비둘기같이 순결하라"(마 10:16). 우리가 사는 터

전은 이리 떼가 득실거린다. 이리가 물어뜯고 해치려는 상황에서도 예수님이 주인인 사람은 지혜롭고 순결하게 행동한다. '아무리 힘들어도 끝까지 양의 모습으로 살겠습니다. 세상의 힘을 의지하거나 내가 주인인 것처럼 살지 않겠습니다'라는 고백이 바로 우리 주 예수 그리스도를 믿는다는 표현이다. 그럴 때 우리는 다윗처럼 이렇게 찬양하게 된다. "여호와는 나의 목자시니 내게 부족함이 없으리로다"(시 23:1).

3. 예수

예수는 '구원자'라는 뜻으로, 히브리어 '여호수아'를 헬라어로 음역한 '이름(Name)'이다. 예수님 당시에는 흔한 이름이었지만 십자가 사건 이후로는 잘 사용하지 않게 되었다. 믿는 자들에게는 너무나 고귀한 이름이 되었기 때문이고, 믿지 않는 유대인들에게는 십자가에서 죽은 불명예스러운 사형수의 이름이었기에 아들에게 붙이지 않았던 것이다.

기독교는 하나님이 인류 전체에 주신 구원의 복음이다. 유대인들만의 종교가 아니다. 처음에 그들을 쓰셔서 복음을 받고 전파하게 하셨던 것뿐이다. 그 후에는 유럽인들과 미국 사람들을 사용하셨다. 그리고 그 후에는 놀랍게도 우리 민족을 사용하셔서 복음을 전하게 하셨다고 해도 과언이 아닐 것이다. 이후에는 또 어떤 민족을 사용하실지 모르는, 보편 인류를 위한 복음이다.

예수라는 이름은 하나님께서 친히 지어 주셨다. "아들을 낳으리니 이름을 예수라 하라 이는 그가 자기 백성을 그들의 죄에서 구원할 자이심이라 하니라"(마 1:21). 이는 예수님이 백성이 원하는 정치적이고 군사적인 구원자가 아님을 나타낸다. 그러므로 우리가 '예수'를 믿는다는 것은 말씀에 기록된 그분을 믿는다는 뜻이다. 내 기호에 맞는 예수를 믿는 것이 아니다. 그리고 이 고백은 우리가 그분의 친(親)백성이라는 말이다. 친백성이 되게 하는 것은 구약의 하나님께서 이스라엘 백성을 출애굽시키면서 그들과 맺으신 언약의 목적이었다. 하나님이 구원해 낸 자기 백성이라는 뜻이다. 그러므로 '나는 하나님이 택하신 친백성임을 믿습니다'라는 고백이 바로 예수님을 믿는다는 고백이다.

예수님이 우리의 구원자가 되시기 위해서는 다음의 세 가지 조건이 필요하다. 첫째는 하나님이셔야 한다. 우리의 죄는 하나님께 지은 죄이므로 하나님만 용서하실 수 있기 때문이다. 둘째는 사람이어야 한다. 우리 대신 죗값을 치르려면 우리를 대표하는 사람이어야 하기 때문이다. 우리를 대표해서 타조가 죽을 수는 없지 않은가? 셋째는 죄가 없어야 한다. 그래야 대신 죗값을 치를 수 있기 때문이다. 큰 죄를 지어 사형을 당할 수밖에 없는 두 사람이 있다고 하자. 그중 한 명이 다른 한 명을 위해 자신이 대신 죽겠다고 하면 말이 되겠는가? 죄인이 죄인을 대신할 수는 없다.

이 세 조건을 충족시키는 분은 예수님밖에 없다. "다른 이로써는 구원을 받을 수 없나니 천하 사람 중에 구원을 받을 만한 다른 이름을 우리에게 주신 일이 없음이라 하였더라"(행 4:12). 그래서 하나님이

신 예수님이, 인간의 몸을 입고, 성령으로 잉태되어 죄 없는 모습으로 이 땅에 오셔야 했다. 오셔서 삶으로는 율법을 온전히 준수하셨고, 십자가에서 죽으심으로써 우리의 죗값을 대신 치르시고 구원자가 되어 주셨다. 그러므로 구원자는 예수 외에는 없다.

4. 그리스도

'그리스도(크리스투스)'는 예수님의 성(姓)이 아니라 직분을 나타내는 표현이다. 그러니 '사장님', '선생님'처럼 '그리스도님'으로 부를 수 있다. 그러나 우리는 일반적으로 '예수님' 또는 '예수 그리스도'라고 부르므로 '그리스도'가 직분인지 잘 모른다. 그리스도는 히브리어 '메시아(Messiah)'를 헬라어로 번역한 단어로, '기름 부음을 받은 자'라는 뜻이다. 이것을 한자로 음역하면 '기독(基督)'이다. 그리스도인, 기독교인이라는 말에는 '기름 부음을 받은 자'라는 의미가 담겨 있다.

구약에서 기름 부음을 받는 직분은 선지자, 제사장, 왕 이렇게 셋뿐이었다. 이 직분들은 하나님과 인간 사이에서 중보 역할을 한다는 공통점이 있다. 신약에서는 예수님이 이 역할을 한다고 밝힌다. "하나님은 한 분이시요 또 하나님과 사람 사이에 중보자도 한 분이시니 곧 사람이신 그리스도 예수라"(딤전 2:5). 그러므로 예수를 그리스도라고 믿는다는 고백은 그분이 우리의 중보자이시고, 또 주께서 어떻게 중보자의 역할을 감당하시는지를 안다는 뜻이다. 예수님은 무지한 우리에게 선지자가 되어 주셔서 하나님의 말씀을 가르치시고, 하나님과 멀리 떨어져 있는 우리에게 제사장이 되어 주셔서 죄를 없애는 희생 제사를 드리신다. 그리고 멋대로 사는 우리에게 왕이 되어 주셔서 우리 삶을 다스리신다.

예수를 그리스도라고 고백하는 사람이 '그리스도인'이다. "만나매 안디옥에 데리고 와서 둘이 교회에 일 년간 모여 있어 큰 무리를 가르쳤고 제자들이 안디옥에서 비로소 그리스도인이라 일컬음을 받게 되었더라"(행 11:26). 로마의 역사가 타키투스(Tacitus)는 "그리스도인은 티베리우스 통치기에 총독 본디오 빌라도의 손에 처형된 그리스도에게서 그 이름을 이어받은 자들"이라고 기록한다.[6] 왜 초대교회 성도들은 '예수의 사람'이 아니라 '그리스도인'이라고 불렀을까? 여기에 놀라운 비밀이 숨어 있다.

사실, 당시 '그리스도인'이라는 표현에는 오늘날 '예수쟁이'라는 단어와 비슷하게 비웃는 듯한 뉘앙스가 들어 있었다. 하지만 초기의 성도들은 이 이름을 영광스럽게 여겼다. 그리스도와 똑같은 중보자로 살기를 자처했기 때문이다. 예수를 그리스도로 믿는다는 고백은 이 세상에서 선지자와 제사장과 왕이 되어 하나님과 세상 사이에서 중보자로 살겠다는 다짐이다. 선지자가 되어 먼저 하나님의 말씀을 잘 듣고, 하나님을 모르는 세상에 하나님의 말씀을 전하며 살겠다는 뜻이다. 죄로 인해 하나님께 나아갈 수 없는 세상 사람들을 위해 제사장이 되어 화해의 길을 만들어 주겠다는 뜻이다. 자기 맘대로 사는 세상 사람들에게 하나님께 순종하는 내 모습을 보여 주어 인생의 참된 왕이 계심을 드러내고, 주님과 함께 왕처럼 의와 공평으로 세상을 섬기겠다는 뜻이다.

이처럼 그리스도를 믿는다는 고백은 우리 삶의 사명을 잊지 않겠다는 결단이 담긴 고백이어야 하는 것이다. 이것이 우리가 '그 외아들 우리 주 예수 그리스도를 믿습니다'라는 고백의 의미이다.

5. 정리

예수님을 그 '외아들'로 믿는다는 것은 '나는 어떤 도전 속에서도 주님만이 나의 구원자이심을 믿고, 나도 주님처럼 하나님과 하나 되는 삶을 살겠습니다'라는 뜻이다. 그분을 '주님'으로 믿는다는 고백은 '내게 주어진 모든 상황은 내 인생의 진짜 주인이 예수님이심을 드러내는 나의 역할임을 믿습니다'라는 고백이다. 예수님을 '그리스도'로 믿는다는 고백은 '나도 이 세상의 선지자요, 제사장이요, 왕 같은 중보자로 살겠습니다'라는 결단이다.

가난과 슬픔, 죽음과 병듦, 사랑하는 사람을 잃음, 두려움 등의 상황 속에서 사도신경의 두 번째 문장을 고백한다는 것은 '어떤 어려움 속에서도 예수님을 내 인생의 주인으로 믿고, 평생 나의 주인을 드러내는 역할을 하겠습니다'라는 결단이다. 이 신앙의 고백을 붙들 때 우리는 모든 환난과 어려움을 이겨 나갈 힘이 생긴다. 고백은 언제나 상황을 이긴다.

◈ 말씀으로 믿음의 뼈대 세우기

1. 우리는 이 땅에서 주님을 목자로 모시는 □으로 살아야 한다. - 마 10:16
2. 주님의 이름은 □□요, 그 뜻은 자기 백성을 죄에서 구원할 자라는 뜻이다. - 마 1:21
3. □□을 얻게 하는 이름은 천하에 하나뿐이다. - 행 4:12
4. 그리스도는 하나님과 우리 사이의 □□□이시다.
   - 딤전 2:5
5. □□□□이라는 이름은 우리도 중보자로 살아야 한다는 뜻이다. - 행 11:26
6. 우리는 주 예수 그리스도로 말미암아 하나님과 □□을 누린다. - 롬 5:1
7. 우리는 그리스도 예수를 □받아야 한다. - 롬 15:5
8. □□는 주 예수 그리스도로부터 우리 심령에 임한다.
   - 갈 6:18
9. 내 주 예수 그리스도 예수를 아는 것이 가장 고상한 □□이다. - 빌 3:8

중보자 화평 양 지식 그리스도 구원 은혜 본 예수

◆ 나눔으로 신앙의 뼈대 세우기

"그 외아들 우리 주 예수 그리스도를 믿사오니"

❖ **다가서기** : 당신이 생각하는 예수님은 어떤 분인지 그림으로 간단히 그려 표현해 보라. 그렇게 생각하는 이유는 무엇인가?(예: 하트로 예수님을 표현했다면, 주님이 사랑의 주님이시기 때문이라고 답하면 된다.)

❖ **깊이 보기**

1. 예수님이 하나님의 '외아들(모노게네스)'이라는 말은 어떤 의미인지 나누고(시 2:7; 요 3:16; 요 14:9), 당신에게 시사하는 바가 무엇인지 말해 보라.

2. 예수님이 우리의 '주(퀴리오스)' 되심을 믿는다는 고백은 무슨 뜻인가?(시 23:1; 마 7:21; 마 10:16)

3. 예수님이 당신의 주인이 되시지 못하는 영역은 어떤 영역인가? 예수님을 주인으로 모시고 살기 위해서 당신이 감당해야 할 부분은 무엇인가?

4. '예수'라는 이름의 의미는 무엇이고, 이름에 담겨 있는 교훈은 무엇인가?(마 1:21) 인간의 구원자가 될 수 있는 세 가지 조건을 말해 보고, 예수님과 비교해 보라.

5. 당신은 예수님을 구주라고 믿는가? 그렇다면 당신의 신앙을 지체들 앞에서 고백하라. 구주라고 믿지 못한다면 그 이유는 무엇인가?

6. '그리스도(크리스투스)'라는 직분은 어떤 의미인가? 당신이 예수를 그리스도로 믿는다는 사실은 어떤 의미인가?(딤전 2:5)

7. 예수님이 그리스도라는 말과 당신이 그리스도인으로 살아야 한다는 말에는 어떤 상관관계가 있는가?(행 11:26)

8. 당신은 그리스도인으로 살고 있는가? 그 이유는 무엇인가?

9. 당신이 생각하는 성자 예수님은 어떤 분인지 정리해 보라.

❖ **다짐하기**

: '그 외아들 우리 주 예수 그리스도'를 믿는 신앙 중에 나에게 부족한 부분을 나누고, 구체적으로 어떻게 회복할 수 있을지 계획을 세워 보라.

제 4 강

성령, 잉태, 동정녀, 탄생

"성령으로 잉태하사 동정녀 마리아에게 나시고"

1. 주체가 되시는 하나님의 신비

유비(類比)란 어떤 사물이나 존재 간의 관계에 대해 대응적으로 동일성을 나타내는 표현이다. 예를 들면 하나님과 인간의 관계를 '여왕벌과 일벌' 또는 '수사자와 사자 무리'라고 표현하는 것이다. 하지만 정확하게 설명할 수 있는 유비는 없는 것 같다. 그나마 '아버지와 아들'의 모습이 비슷하기는 하다. 우리는 전도나 간증을 하면서 하나님의 존재를 확실하게 증명하려고 애쓰는 경향이 있다. 하지만 사실 그게 쉽지 않다. 믿지 않는 이에게 내가 말하는 증명은 완전하지 못하다. 왜 그럴까? 기가 막히게 딱 들어맞는 유비가 있으면 전도도 쉬울 텐데 말이다.

   그 이유는 인간의 지적 능력으로는 하나님을 근본적으로 이해할 수 없기 때문이다. 다르게 설명하면, 하나님은 탐구 대상인 '객체(Object)'가 아니시기 때문이다. 하나님은 모든 경우에 '주체(Subject)'이시다. 그러므로 우리가 믿는 하나님이 정말로 절대적인 신이라면 우리가 보고, 듣고, 경험하고, 탐구해서 이해할 수 있는 대상이 되실 수 없다. 하나님을 아는 방법은 그분이 나에게 다가와 주체가 되어 주시는 것뿐이다.

   어떻게 하면 주체가 되어 주실 수 있을까? 주께서 주도적으로 나에게 말씀하시면 된다. 우리가 그 말씀을 듣고 순종하는 자리에 있을 때 하나님은 주체가 되신다. 우리가 간증으로 하나님을 증명하고 나누는 것은 귀한 일이다. 하지만 간증 자체에 머물러 있거나, 계속해서 드라마틱한 또 다른 간증거리들을 추구하려고 한다면, 그것은 하나님을 객체로 만드는 일이다. 신앙생활은 하나님이 내 삶의 주체가 되시게 하는 것이다. 이는 하나님께서 나에게 말씀하시는 것을 듣고 '아멘'으로 순종할 때 가능하다.

   그러므로 예배가 중요하다. 하나님은 홀로 온전하신 분이라 우리의 예배가 굳이 필요하지 않으시다. 우리에게 높임을 받으셔야 할 정도로 높임이라는 위치가 결여되어 있지도 않으시다. 그럼에도 하나님은 우리에게 예배받기를 원하신다. 우리가 예배를 통해 드러내야 하는 것은 하나님이 내 인생의 주체가 되시는 것이다. 나에게 말씀하시는 분이라는 사실이다.

   그렇기 때문에 예배에서 가장 중요한 것은 우리가 그분의 말씀을 온전히 드러내는 것이다. 그분의 말씀 앞에 내 고집을 내려놓고, 동의하기 어려운 상황에서도 하나님이 옳으시다고 인정하는 것이다. 그것이 하나님을 찬양하고 높여 드리는 일이다. 다른 방법은 없다. 그러니 예배 시간에 졸면 안 된다. 하나님이 하나님 되시는 시간은 나에게 말씀하시는 시간이다. 하나님의 말씀에는 많은 기적과 신비가 포함되어 있다. 이 신비는 탐구해서 이해할 수 있는 것이 아니다. 그저 받아들여야 한다.

2. 동정녀를 통한 탄생에 대한 도전

성자 예수님이 성령으로 잉태되어 동정녀에게서 탄생하신 사건은 신비 그 자체이다. 하나님이 참사람이 되셔서 인류 역사 한가운데로 들어오신 신비이다. 이것을 '성육신(Incarnation)'이라고 한다. 성령으로 된 잉태와 동정녀를 통한 탄생이 성육신의 수단이다. 이것은 탐구를 통해서 이해할 수 있는 영역이 아니라 주체 되신 하나님의 말씀이 그대로 일어난 사건이다. 받아들여야 하는 영역인 것이다.

하지만 숫처녀가 아들을 낳은 일은 사실 너무나 황당하다. 전도에 걸림돌이 되기도 한다. 혹자는 마리아가 요셉 몰래 다른 남자와 성관계를 했다고 생각할 것이다. 역사적으로도 '동정녀를 통한 탄생'은 많은 도전과 음모론을 유발했다.

18세기에 계몽주의의 영향으로 기독교 안에서도 소위 '자유주의'의 바람이 거세게 일어나면서 이 탄생을 하나의 종교적 상징으로 치부하는 사람들이 생겨났다. 미국의 한 보수 교단 신학교에서는 자유주의를 지지하는 교수들이 '성경적인 근거를 가지고 동정녀 탄생을 믿지 않는 것은 괜찮다'라고 주장하기도 했다.[7] 성경에 근거하면 동정녀를 통한 탄생을 믿지 않을 수 있을까? 과연 성경을 깊이 연구하면 이것이 거짓임을 밝혀낼 수 있을까?

그런데 성경을 들여다보면, 이 황당한 탄생에 대해 사탄이 오히려 신경을 곤두세우고 있다. 이 탄생을 막고자 동시대에 태어나는 많은 아이를 죽인다. 왜 그랬을까? 그것은 전혀 다른 인간이 오는 사건이기 때문이다. 남자와 여자 사이에서 태어난 인간은 전부 아담의 죄를 물려받은 사탄의 자녀이다. 그런데 처음으로 자신의 자녀가 아닌 하나님의 아들이 태어나는 것이다. 사람들은 신화로 치부하는데, 사탄은 전혀 다르게 받아들이는 모양새이다.

이 성육신 사건은 너무도 신화적이어서 믿기가 어렵지만, 하나님이 주체가 되시는 중요한 사건이다. 오직 주님의 말씀을 받아들일 때라야 믿을 수 있다. 우리의 믿음도 하나님께서 주셔야 가질 수 있으므로, 이 탄생 사건에 있어서 하나님은 연구 대상인 객체가 아니라 주체가 되신다. 그러니 믿음은 선물인 것이 틀림없다.

3. 성령으로 잉태되신 이유

1) 죄 없는 모습으로 오시려고

주님이 이렇게 오실 수밖에 없었던 이유가 있다. 첫 번째는 죄가 없는 모습으로 오셔야 했기 때문이다. 모든 인간은 아담의 후손이다. 아담은 에덴동산에서 하나님의 말씀에 불순종하여 선악을 알게 하는 나무의 과실을 따 먹는 죄를 저질렀다. 그래서 아담의 후손은 아담이 지은 그 '원죄(Original sin)'를 가지고 태어난다(시 51:5; 롬 5:14). 남자의 정자와 여자의 난자가 결합되는 방법으로는 죄 없는 인간이 태어날 수 없는 것이다. 그렇기 때문에 주님은 성령으로 잉태되셨다. 그래서 '죄책(Original guilt)'과 그로 인한 '오염(Original pollution)'이 전달되지 않으셨다. 중생과 성화도 필요 없으셨다. 죄가 없으셨기 때문에, 십자가에서 죽으셨을 때도 사망이 그분을 지배할 수 없었다.

2) 구원이 성삼위 하나님의 동역임을 보여 주시려고

두 번째 이유는 구원 사역이 성삼위 하나님의 동역(同役)임을 보여 주시기 위해서다. 성자 하나님은 홀로 우리를 구원하지 않으셨다. 성부 하나님이 구원에 관한 큰 그림을 그리셨고, 성자 하나님이 역사의 한 시점에 우리 가운데로 오셔서 구원의 길을 여셨고, 성령 하나님이 이 구원의 길에 반응하는 자들에게 구원이 성취되도록 도우신다.

예수님은 공생애 동안 성부 하나님과 함께하셨고, 하나님의 뜻대로 행하셨다. 성령으로 잉태되셔서 성령으로 세례를 받으셨고(마 3:16), 성령에 이끌리어 사탄에게 시험을 받으셨다(마 4:1). 성령의 인도를 따라 사역하셨고(마 12:28), 십자가에서 죽으셨다(히 9:14). 그리고 부활하셨다(롬 1:4). 출생부터 부활, 승천에 이르기까지 성부와 성령과 동역하셨다. 이처럼 성삼위 하나님이 나 같은 죄인 하나를 구원하시기 위해 동역하고 계심을 볼 수 있는 가장 근본적인 청사진이 바로 성령으로 잉태되셨다는 것이다.

3) 우리도 성령으로 거듭날 것을 보여 주시려고

세 번째 이유는 우리도 성령으로 거듭날 것임을 보여 주시기 위해서다. "천사가 대답하여 이르되 성령이 네게 임하시고 지극히 높으신 이의 능력이 너를 덮으시리니 이러므로 나실 바 거룩한 이는 하나님의 아들이라 일컬어지리라"(눅 1:35). 여기서 '임하시고(에페르코마이)'와 '능력(뒤나미스)'은 사도행전 1장 8절에서 "오직 성령이 너희에게 '임하시면' 너희가 '권능'을 받고"라고 할 때 쓰인 바로 그 단어들이다.

그리고 '덮으시리니(에피스키아조)'는 창세기 1장 2절 "하나님의 영은 수면 위에 운행하시니라"에서 '운행하시니라(라하프)'와 같은 단어이다. 이 단어가 성경에 여러 번 나온다. 출애굽기 40장 35절에서는 '모세의 회막을 덮은 여호와의 영광', 신명기 32장 11절에서는 '새끼를 지키고 보호하는 독수리의 날개', 룻기 3장 9절에서는 '룻을 덮는 보아스의 옷자락'에 나오는데, 이는 하나님께서 성령으로 우리를 지키고 보호하실 것을 상징한다.

그러니까 성령이 임하시면 너희가 권능을 받을 것이라는 말씀은 예수께서 성령이 임하시고 하나님의 능력이 덮어져서 태어나신 것처럼 우리도 성령으로 거듭나서 하나님의 능력으로 덮어지는 인생이 될 것을 보여 주신 것이다. 수면 위에 운행하셨고, 회막을 덮으셨고, 독수리의 날개로 보호하셨고, 옷자락으로 품으셨다는 구약의 모든 표현이 사실은 우리를 그렇게 사랑하고 보호하시겠다는 고백이었던 것이다. 얼마나 감격스러운가? 우리가 예수님처럼 성령으로 거듭날 때 이런 축복이 주어진다.

그러므로 예수님이 성령으로 잉태되셨는지의 문제는 믿을지 말지를 고민할 사항이 아니다. 우리가 거듭남으로 생생하게 확인하고 경험해야 할 문제이다. 우리는 성령으로 거듭났는가? 그래서 지극히 높으신 이가 날개로, 옷자락으로 덮으시며 보호하시는 은혜를 체험하고 사는가? 성령으로 잉태되심을 믿는다는 고백은 바로 이러한 거듭남을 근거로 드리는 고백이다.

4. 동정녀에게서 태어나신 이유

1) 참인간이 되시려고

'동정녀(童貞女)'란 남자를 모르는 숫처녀이다. 예수님이 동정녀에게 태어나신 첫 번째 이유는 참인간이 되시기 위해서다. 죄인인 인간을 구원하려면 어떤 조건을 갖추어야 하는지 제3강에서 살펴보았었다. 하나님이면서, 죄가 없어야 하고, 인간이어야 했다. 예수님은 성령으로 잉태되어서 죄가 없으셨다. 그리고 마리아의 태를 빌려 뼈와 살을 받으셔서 참인간이 되셨다.

여기서 기억할 점은 동정녀를 통한 탄생이 예수님의 무죄하심과는 상관이 없다는 것이다. 만약에 그렇다면 마리아 역시 죄가 없다는 논리가 성립된다. 그러면 마리아 무죄 잉태설, 평생 처녀설 등의 오류에 빠지고 만다. 그래서 결국 1950년, 제261대 교황 비오 12세(Papa Pio XII)는 마리아의 '몽소승천(蒙召昇天)'을 신조(信條)화하기에 이른다. '몽소승천'이란 "마리아는 죄가 없고, 부패에서 보존되었으며, 마리아의 몸과 영혼이 하늘의 영광에 부름을 받았다"라는 내용을 골자로 한다.[8] 하지만 마리아는 죄가 없는 것도, 승천한 것도, 평생 처녀로 산 것도 아니다. 가톨릭에서는 예수님의 동생들을 예수님의 조카들이라고 하는데, 아니다. 마리아는 단지 은혜를 입은 사람으로, 귀한 본이 되는 하나님의 여종일 뿐이다.

주님에게는 참인간이 되셨다는 것이 어떤 의미였을까? 한 번도 경험해 보지 못한 새로운 탐험이셨을까? 흥미로운 경험이셨을까? 아마 불편하셨을 것 같다. 창조주가 여자의 태에서 열 달간 제한된 상황에 계셨다. 알몸으로 태어나셔야 했고, 배고프고, 피곤하고, 아프셔야 했다. 추위와 더위와 갈증을 느끼셔야 했고, 인간의 언어를 알파벳부터 배우셔야 했고, 생계를 위해 목수 일을 배우셔야 했다. 하지만 주님은 우리에게 오기 위해서 그런 일을 마다하지 않으셨다.

이 사건은 신화도 아니고 상징도 아니다. 창조주가 우리를 사랑하셔서 내려온 자, 겸손한 자, 비천한 자가 되신 것이다.

우리는 태어날 때부터 악했고, 죄에 물들어 있었다. 어느 한순간도 죄가 없거나 순결한 적이 없었다. 그런 우리에게 예수님은 완전히 새로운 존재로 오셔서 우리가 살아왔던 모든 순간을 살아 내셨다. 그리고 자신의 죄 없으심으로 우리를 덮으셨다. 그래서 하나님은 우리를 보실 때 우리의 죄가 아니라 그리스도를 보신다. 이러한 이유 때문에 우리는 어떠한 일이 있어도 예수님을 떠나면 안 된다. 이렇게 우리 삶의 상처와 죄책과 불결함을 주께서 다 덮어 주시는 은혜가 성육신 사건이다.

2) 약속을 성취하시려고

두 번째 이유는 약속 성취를 위해서다. 예수님이 참인간이 되시기 위해서는 굳이 동정녀에게서 나실 필요가 없었다. 다른 여자의 태를 빌려서 태어나셨어도 참인간이 되셨을 것이다. 그런데도 동정녀에게 나셔야 했던 이유는 구약에 나오는 약속을 성취하시기 위함이었다. "내가 너로 여자와 원수가 되게 하고 네 후손도 여자의 후손과 원수가 되게 하리니 여자의 후손은 네 머리를 상하게 할 것이요 너는 그의 발꿈치를 상하게 할 것이니라 하시고"(창 3:15). 하나님은 타락한 인간의 구원자로 남자의 후손이 아니라 '여자(잇샤)'의 후손을 주리라고 약속하셨다.

이 약속이 시간이 흘러 이사야에서 다시 한 번 주어진다. "그러므로 주께서 친히 징조를 너희에게 주실 것이라 보라 처녀가 잉태하여 아들을 낳을 것이요 그의 이름을 임마누엘이라 하리라"(사 7:14). '여자(잇샤)'가 '처녀(알마)'로 더 구체화되었다. 이사야 7장은 유다 왕 아하스 때에 아람과 북 이스라엘의 연합군이 쳐들어와 꼼짝없이 유다가 멸망하게 되었을 때 주신 말씀이다. 왜 하나님은 팔백 년 뒤에나 일어날 일을 징조로 주셨을까? 이는 유다 자손을 통해서 메시아가 오실 것을 알리심으로써 지금 당장 유다가 망하지 않으리라는 것을 암시하신 것이다. 에덴동산에서 약속하신 '여자의 후손'이 '처녀가 잉태하여 낳을 아들'로 구체화되었고, 결국 신약에 와서 '동정녀 마리아가 성령으로 잉태하여 낳은 구원자 예수'로 실현된 것이다.

어떤 사람들은 이 '처녀(알마)'가 그저 '젊은 여자'를 의미한다고 주장한다. 하지만 이사야는 이것이 '징조(오트), 표적'이라고 표현했다. 성경에서 징조란 하나님이 홍수 후에 다시는 물로 심판하지 않겠다고 약속하시며 '무지개'를 주신 것처럼, 그리고 아브라함과 언약을 맺었다는 표시로 '할례'를 행하게 하신 것처럼 독특하고 놀라운 표시이다(창 9:17; 창 17:11). 젊은 여자가 아들을 낳는 것은 징조가 아니다. 남자를 모르는 처녀가 아들을 낳는 것이 징조인 것이다. 이처럼 동정녀를 통한 탄생은 에덴에서 하신 약속의 성취이다.

3) 성육신을 어떻게 받아들여야 하는지를 보여 주시려고

예수님이 동정녀를 통해서 태어나신 세 번째 이유는 우리가 성육신을 어떻게 받아들여야 하는지 보여 주시기 위함이다. 요셉과 마리아는 우리에게 믿음으로 순종하는 모습의 본을 보여 준다. 요셉은 정혼한 여자가 결혼 전에 다른 남자의 아기를 임신하게 되면 돌에 맞아 죽는 시대에 마리아가 임신했다는 사실을 알게 되었다. 착한 요셉은 마리아가 돌로 정죄당하지 않게 하려고 조용히 그녀와의 관계를 끊고자 했다.

하지만 주의 사자가 꿈에 나타나 "네 아내 마리아 데려오기를 무서워하지 말라"(마 1:20)라고 말씀하자 기꺼이 순종한다. 마리아 역시 자신의 임신에 대해 천사가 설명하자 "주의 여종이오니 말씀대로 내게 이루어지이다"(눅 1:38)라며 순종한다. 있을 수 없는 일이고, 있으면 죽을 수밖에 없는 일이다. 일어나도 믿을 수 없는 일인데 요셉과 마리아는 믿음으로써 순종한다. 우리도 이들처럼 예수님의 성육신을 분명한 목적이 있는 실제 사건으로 받아들이고 이를 믿는다고 고백해야 한다.

5. 정리

예수께서 성령으로 잉태되어 동정녀 마리아에게 태어나신 사건은 인간의 머리로 이해할 수 있는 영역이 아니다. '이는 성령으로 잉태하사 동정녀 마리아에게 나시고'는 하나님이 주체가 되셔서 말씀하신 것을 우리가 믿음으로 받아들이고 하나님의 하나님 되심을 인정하는 고백이다.

왜 예수님은 성령으로 잉태되셔야 했을까? 죄 없는 모습으로 오셔야 했기 때문이다. 주님은 끝까지 성령 하나님과 동역하셨다. 우리가 성령으로 잉태하심을 믿는다는 말은 우리 역시 성령으로 거듭났음을 믿는다는 뜻이다. '예수님처럼 우리도 성령으로 거듭나서 하나님이 덮어 주시는 은혜로 삽니다'라는 고백이다.

예수님은 왜 동정녀를 통해서 태어나셔야 했을까? 참인간이 되시기 위해서다. 그렇게 제한당하시고 비천해지셨지만, 우리를 사랑하셔서 약속대로 오시기 위해서였다. 그리고 후회스럽고 죄 많고 상처 많은 우리의 일상을 대신 살아 내심으로써 우리를 덮으셨다. 우리는 요셉과 마리아가 순종하는 모습을 보면서 이 탄생을 믿음으로 받아들여야 함을 배운다. 그럴 때 우리는 성령으로 거듭난 새로운 피조물로, 하나님이 독수리 날개로 안으시고 덮으시는 은혜를 누리게 될 것이다.

◆ 말씀으로 믿음의 뼈대 세우기

1. 예수님은 ☐☐으로 잉태되어 태어나셨다. - 마 1:18
2. ☐☐가 요셉에게 마리아의 성령 잉태 사실을 알려 주었다. - 마 1:20
3. 예수님의 공생애는 성령의 ☐☐☐으로 시작된다. - 마 3:16
4. 예수님은 성령께 이끌리어 마귀에게 ☐☐을 받으셨다. - 마 4:1
5. 예수님은 ☐☐을 힘입어 귀신을 쫓아내셨다. - 마 12:28
6. 그리스도의 구속 사역은 성령으로 ☐☐☐☐☐ 이루어진 사역이다. - 히 9:14
7. ☐☐도 성령으로 이루어진 것이다. - 롬 1:4
8. 성령으로 마리아에게 잉태된 분은 하나님의 ☐☐이다. - 눅 1:35
9. 예수님은 에덴동산에서 하나님이 우리에게 보내 주기로 약속하신, 바로 그 ☐☐의 후손이다. - 창 3:15
10. 예수님은 이사야가 예언한 대로, ☐☐가 잉태하여 낳을 아들로 오셨다. - 사 7:14

아들 임하심 성령 시험 여자 부활 천사 성령 말미암아 처녀

◆ 나눔으로 신앙의 뼈대 세우기

"성령으로 잉태하사 동정녀 마리아에게 나시고"

❖ **다가서기**

: 당신은 동정녀에게서 예수님이 탄생했다는 사실을 믿는가? 그렇지 않다면 그 이유를 솔직하게 나누어 보라.

❖ **깊이 보기**

1. 예수님이 성령으로 잉태되셔야 했던 이유를 세 가지로 정리해 보라.

   1) ☐가 없으신 모습으로 오셔야 했기 때문이다(시 51:5; 롬 5:14).

   2) 구원이 성삼위 하나님의 ☐☐임을 보여 주시기 위해서다(마 3:16; 마 4:1; 마 12:28; 히 9:14).

   3) ☐☐ 역시 성령으로 거듭나야 한다는 본을 보여 주신 것이다(눅 1:35; 행 1:8).

2. 예수님이 성령으로 잉태되시는 것이 왜 죄 없는 모습으로 오시는 것인지 자신의 말로 설명해 보라.

3. 당신 한 명을 구원하기 위해 성삼위 하나님께서 동역하신다는 말

이 어떻게 다가오는가?

4. 예수께서 남자를 모르는 동정녀에게서 태어나셔야 했던 이유를 세 가지로 정리해 보라.

   1) 참 ☐☐ 이 되시기 위해서
   2) 구약의 ☐☐ 을 성취하시기 위해서(창 3:15; 사 7:14)
   3) 성육신을 어떻게 ☐☐☐☐☐ 하는지 본을 보여 주시기 위해서
   (마 1:20; 눅 1:38)

5. 예수님이 우리의 구원자가 되기 위해서 반드시 인간이 되셔야 했던 이유는 무엇인가?

6. 타락한 인간의 구원자가 되려면 세 가지 조건을 갖추어야 한다. 무엇 무엇인지 말해 보라.

7. 요셉과 마리아는 예수님의 성육신을 어떻게 받아들여야 하는지를

교훈해 준다(마 1:20; 눅 1:38). 이 둘의 모습을 교훈 삼아 성육신을 어떻게 받아들여야 하는지 자신의 다짐을 나누어 보라. 성육신을 받아들이는 데 어려운 부분이 있다면 솔직히 고백하고 기도 제목으로 삼으라.

8. 예수님이 동정녀에게서 태어나신 사건에 대한 당신의 신앙 고백을 적고, 나누어 보라.

_____

_____

_____

_____

❖ **다짐하기** 성령으로 잉태되어 동정녀에게서 태어나신 예수님을 실제 믿음으로 받아들이기 위해서 내가 할 수 있는 구체적이고, 실천 가능한 일은 무엇일까? 실천한 것을 다음 주에 발표해 보자.

제 5강

고난

"본디오 빌라도에게 고난을 받으사"

사도신경은 기독교의 근간(根幹)을 이루는 중요한 신앙적 뼈대이다. 그래서 한 절이라도 빠지면 신앙의 근간이 흔들릴 수도 있다. 그런 사도신경에 좀 의아한 부분이 있다. '본디오 빌라도에게 고난을 받으사'이다. 뒤에 '십자가에 못 박혀 죽으시고'가 나오므로 이 부분은 빼도 될 것 같은데 왜 굳이 빌라도를 정죄하는 것이 신앙 고백의 내용에 들어가 있는 것일까? 게다가 빌라도가 주범인 것처럼 혼자 덤터기 쓰기에는 예수님의 죽음에 연루된 사람이 너무 많은 것 같은데 말이다.

과연 예수님의 고난에는 어떤 의미가 있기에, 사도신경에 이 내용을 수록한 것일까? '동정녀 마리아에게 나시고' '십자가에 못 박혀 죽으셨다'고 해도 될 텐데, 왜 십자가와 고난을 구별하여 고백하게 한 것일까?

1. 본디오 빌라도에게 고난을 받으셨다고 고백하는 이유

빌라도는 총독으로서 예수에게 십자가형을 선고했을 뿐 실제적으로 고난을 가하지는 않았다. 오히려 그는 예수가 무죄라고 세 번이나 주장했다. "빌라도가 세 번째 말하되 이 사람이 무슨 악한 일을 하였느냐 나는 그에게서 죽일 죄를 찾지 못하였나니 때려서 놓으리라 하니"(눅 23:22). 빌라도의 부인도 예수에 대해 아무 상관도 하지 말라고 빌라도에게 당부했었다(마 27:19).

하지만 무리는 예수를 죽이고 싶어서 안달이었다. "빌라도가 아무 성과도 없이 도리어 민란이 나려는 것을 보고 물을 가져다가 무리 앞에서 손을 씻으며 이르되 이 사람의 피에 대하여 나는 무죄하니 너희가 당하라 백성이 다 대답하여 이르되 그 피를 우리와 우리 자손에게 돌릴지어다 하거늘"(마 27:24, 25). 빌라도는 예수의 죽음과 자신이 무관하다고 분명히 선을 그었다. 그런데도 우리는 이천 년이 넘도록, 그것도 매주 예수님이 본디오 빌라도에게 고난을 받았다고 고백한다. 빌라도로서는 진짜 억울할 것 같다.

빌라도에게 고난을 받으셨다고 고백하는 데는 몇 가지 이유가 있다. 첫째, 예수님의 고난이 역사적 사실임을 드러내기 위해서다. 예수님이 돌아가시고 난 후 세월이 흐르면서 예수님의 이야기는 많은 이들에게 신화로 여겨졌다. 그래서 이 고백을 통해, 로마 황제 티베리우스에게 총독으로 임명받아 A.D. 26-36년에 유대를 다스린 빌라도에게 예수님이 실제로 십자가형을 선고받았다고 증언하는 것이다. 둘째, 세상 권세를 상징하는 인물이 빌라도이기 때문이다. 빌라도는 예수님을 유죄로 인정하고 고난을 가한 세상을 대표하는 역할을 한다. 셋째, 예수님이 흠 없는 희생 제물이심을 증명하기 위해서다. 죄 없으신, 그래서 죄가 입증되지 않았던 예수님은 재판을 받으신 후 불과 몇 시간 뒤에 유죄를 선고받는다. 결국, 빌라도의 이 선고를 통해 무죄(Innocence)이신 예수님이 우리 죄를 대신 짊어지고 유죄(Guiltiness)가 되셨다는 것을 증명하는 것이다. 예수님의 유죄 판결은 결국 우리의 죄를 대신 짊어지셨다는 확증인 셈이다.

2. 예수님은 누구에게 고난받으셨는가?

'빌라도에게'가 영어와 라틴어 사도신경에는 'under Pontius Pilate / sub Pontio Pilato'라고 되어 있다. 즉 '빌라도의 통치 아래에서' 고난을 받으셨다는 것이다. 어떤 이단은 한글 번역만 보고는 '본디오 빌라도에게 고난을 받았다는 고백은 오류이고 성경적이지 않다'라고 주장하지만 그렇지 않다.

예수님에게 고난을 당하게 하고 죽이기까지 한 세력이 특정한 인물이거나 어떤 집단이라고 꼬집어 말할 수는 없다. 예수님을 대적들에게 넘긴 사람은 가룟 유다이고, 대제사장들과 장로들은 무리를 선동하여 예수를 죽이려고 했으며, 증인들을 매수해서 거짓으로 증언하게 했다. 무리는 예수를 십자가에 못 박으라며 폭동을 일으켰다. 제자들은 두려움에 휩싸여 예수님을 버리고 도망쳤고, 빌라도는 죄가 없는 약자에게 사형 집행을 판결했다. 모든 계층, 모든 신분, 모든 배경의 사람들이 다 같이 예수님을 죽인 것이다.

그러나 성경은 전혀 다르게 말한다. "여호와께서 그에게 상함을 받게 하시기를 원하사 질고를 당하게 하셨은즉 그의 영혼을 속건제물로 드리기에 이르면 그가 씨를 보게 되며 그의 날은 길 것이요 또 그의 손으로 여호와께서 기뻐하시는 뜻을 성취하리로다"(사 53:10). 예수님께 고난을 가하고 예수님을 죽인 장본인이 바로 하나님 아버지라고 한다. 하나님이 예수님을 상하게 하기를 원하셨기 때문에 예수님이 고난을 당하셨고, 십자가에 못 박히신 것이다.

하나님은 왜 당신의 아들을 고난받도록 하신 것일까? "그는 실로 우리의 질고를 지고 우리의 슬픔을 당하였거늘 우리는 생각하기를 그는 징벌을 받아 하나님께 맞으며 고난을 당한다 하였노라 그가 찔림은 우리의 허물 때문이요 그가 상함은 우리의 죄악 때문이라 그가 징계를 받으므로 우리는 평화를 누리고 그가 채찍에 맞으므로 우리는 나음을 받았도다"(사 53:4, 5). 성경은 우리 때문이라고 증언한다. 우리 허물과 우리 죄악 때문에, 우리가 당해야 하는 질고와 슬픔을 대신해서 사랑하는 아들이 고난받은 것이다. 우리가 평화를 누리고 나음을 입게 하려고 그렇게 하신 것이다.

그런데 정작 우리는 그가 잘못해서 하나님께 맞는다고 비난했고,

그가 우리의 평화를 깼다고 떠들어 댔다. 세상에 가장 큰 사랑은 누군가를 위해 '내' 생명을 주는 것이다. 그런데 이보다 더 큰 사랑이 있다. 바로 자신의 '아들'의 생명을 남을 위해 내주는 것이다. 하나님은 죄인인 우리를 위해 아들을 보내어 십자가에서 죽게 하셨다.

3. 고난을 받으신 이유

예수님은 말씀 한마디로 천지를 창조하신 분이다. 그런 분이 왜 굳이 이 땅에 오셔서 고난을 받으셨을까? 십자가 처형만이 고난이 아니다. 전지전능하신 분이 인간이 되셔서 인간으로 사는 삶 자체가 고난이다.

예수님은 인류의 모든 죄를 짊어지고 하나님 아버지로부터 버림받으셨다. 인간의 죄를 짊어지고 떠난 '아사셀 염소'가 되신 것이다 (레 16:10; 사 53:6). 아사셀 염소란 대속죄일에 '속죄의 염소'로 구별하여 이스라엘 백성의 죄를 짊어지워 광야로 보내는 희생 제물을 말한다.

예수님이 고난당하신 궁극적인 이유는 그 고난 말고는 우리의 구원을 완성하실 방법이 없었기 때문이다. 죄의 문제는 죽음의 방법 말고는 해결이 안 되는 지독한 것이다. 주님의 고난은 여기에서 한 발짝 더 나아가서 고난이 순종의 결과라는 사실을 보여 준다. 첫 번째 아담은 하나님께 순종하지 않았다. 그래서 인류에게 고난이 시작되었다. 두 번째 아담으로 오신, 죄 없으신 예수님은 완전한 순종을 보여 주셨다. 범죄한 인간에게 임하는 고난을 대신 당하심으로써 하나님께 순종하는 아담의 본을 보이신 것이다. 이로써 죄의 결과로 주어진 고난의 의미를 완전히 바꾸어 버리셨다.

우리는 고난의 의미를, 말씀대로 살다가 당하게 되는 의도치 않은 고생쯤으로 축소해서 생각한다. 예수님에게 고난은 삶의 목표였고, 사명이셨다. 고난이라는 방법으로, 우리가 하지 못했던 하나님께 대한 순종을 온전히 이루어 내신 것이다. 그래서 모든 인간에게 수치인 고난이 주님께는 영광이 되도록 바꾸셨다.

4. 고난이 순종의 결과인 이유

하나님께 순종하는 삶을 살면 고난이 따라온다. 왜 그럴까? 하나님의 나라와 이 세상 나라의 원리가 다르기 때문이다. 달라도 너무 달라서 서로 치열한 전쟁을 치를 정도이다. 하나님 나라에서는 하나님의 영광을 위해서 사는데, 이 세상 나라에서는 자기 영광을 위해서 살아간다. 그래서 이 세상에서 하나님 나라의 원리를 따라 살면 반드시 충돌이 생긴다. 빌라도 같은 세상 나라의 권세가 우리를 핍박하게 되는데, 그것이 고난이다. 적당히 믿으면 고난이 없다. 하지만 하나님께 순종하고 살면 반드시 고난이 따라오게 되어 있다. 이는 행복과 축복된 삶을 추구하는 현대인들에게는 영 인기 없는, 거슬리는 말이다. 이래도 예수를 믿겠는가?

한편으로, '나는 그렇게 순종하며 사는 것 같지도 않은데 왜 고난이 있지?' 하는 생각을 할 수도 있다. 왜 그럴까? 하나님이 당신을 사랑하시기 때문이다. 하나님께서 그 고난을 통해 나를 하나님 나라에 합당한 자로 만들어 가고 계신 것이다. 하나님께 매달리게 하시고, 하나님의 말씀이 옳다는 사실을 깨닫게 하신다. 하나님은 자기 백성을 절대 포기하지 않으신다. 야곱이 '하나님, 제가 졌습니다'라고 할 때까지 연단하신 것처럼, 끝까지 우리 인생에 개입하고 관여하신다. 그렇게 우리를 하나님 나라 백성으로, 순종하는 자녀로 만들어 가시는 것이다. 내 고집을 내려놓고 하나님의 뜻에 굴복하면서 순종이 점점 자라게 하신다. 그래서 이 땅을 사는 동안 예수님처럼 하나님 아버지를 죽도록 사랑하는 그런 사람으로 빚어 가신다. 그러니 하나님의 사랑의 증거가 바로 고난이다.

5. 고난에 동참하는 방법

주님은 우리를 고난의 자리로 초대하신다. 어떻게 이 고난에 동참할 것인가? 성경은 그것을 인내라고 말한다. 그래서 바울은 "주께서 너희 마음을 인도하여 하나님의 사랑과 그리스도의 인내에 들어가게 하시기를 원하노라"(살후 3:5)라고 기도한다. 히브리서 저자는 "너희에게 인내가 필요함은 너희가 하나님의 뜻을 행한 후에 약속하신 것을 받기 위함이라"(히 10:36)라고 천명한다. 믿음의 선배들은 주님의 고난에 동참하기 위해서는 인내가 필요하다고 누누이 말한다. 고난이 축복임을 깨달았던 것이다. 그래서 신앙 고백 안에 '고난의 고백'을 수록한 것이다.

바울은 "내가 그리스도와 그 부활의 권능과 그 고난에 참여함을 알고자 하여 그의 죽으심을 본받아 어떻게 해서든지 죽은 자 가운데서 부활에 이르려 하노니"(빌 3:10, 11)라고 고백한다. 한마디로 이제 고난은 나에게 비전이고 사명이 되었다는 말이다. 왜 이렇게 부담스러운 말을 하는 것일까? 그리스도의 삶을 통해, 그리고 자신의 삶을 통해 고난이 축복이라는 신비하고 비밀스러운 통찰에 다다랐기 때문이다. 이 고난이라는 축복에 동참하는 방법이 바로 인내이다. 인내할 때 우리도 결국 마지막 날에 부활에 이르게 될 것이다. 교회 다닌다고, 직분자라고, 성경을 잘 안다고 부활하는 것이 아니다. 고난이 축복인 줄로 믿고, 복음을 위해 고난받는 삶을 인내할 때 비로소 주님처럼 부활의 영광을 누리게 될 것이다. 이것이 주의 고난에 동참하는 방법이다.

6. 고난을 품다

예수님이 잡히신 그날 빌라도의 관정에서는 두 개의 재판이 열렸다. 하나는 예수님이 유죄 선고를 받으신 재판이었다. 사실 우리는 그 엉터리 선고에 대해 할 말이 없다. 이 선고의 최고 수혜자가 우리이기 때문이다. 또 하나는 민란을 일으킨 살인자 바라바를 놓아준 재판이다. 바라바는 틀림없이 십자가에 못 박혀 죽어야 하는 죄인이었다. 하지만 석방되었다. 둘 다 엉터리 재판이다. 여기서 놓치지 말아야 할 중요한 메시지가 있다.

이 바라바가 우리의 모습을 대변한다는 것이다. 언젠가 우리는 하나님의 심판대 앞에 서게 될 것인데, 안타깝게도 유죄 판결을 받을 것이 확실하다. 하지만 놀랍게도 무죄를 선고받을 것이다. 왜냐하면 예수님이 나의 죄를 대신 지고 사형을 당해 주셨기 때문이다. 그래서 바라바처럼 말도 안 되게도 죄로부터 자유롭게 될 것이다.

우리가 주님 앞에 서는 날 선명하게 깨닫게 될 사실들이 있다. 첫 번째는 '내가 얼마나 소름 끼칠 정도로 심한 죄인인가?' 하는 것이다. 죄인이 죄인인 줄도 모르고 살아왔던 것이다. 두 번째는 '예수님이 나를 위해 얼마나 큰 고난을 당하셨는가?' 하는 것이다. 우리가 알게 될 주님의 고난은 상상을 초월하는 것일 테고, 그래서 죄송하고 감사해서 오직 하나님만 찬양하며 살아도 충분치 않은 영생을 누리게 될 것이다.

이 두 가지의 깨달음이 이 땅에서의 고난을 바라보는 관점이 되기를 바란다. 결국은 하나님 나라에서 무죄의 은혜를 누릴 테니까, 이 세상 나라를 사는 동안 주님께 순종함으로 유죄인 삶, 고난의 삶을 사는 것은 절대 억울한 일이 아니다. 오히려 더 적극적으로 하나님께 순종해서 이 세상에서 더 유죄인 삶을 사는 것이 장차 우리에게 더 큰 영광이 될 것이다. 그래서 예수님은 이 고난의 자리로 우리를 기꺼이 초대하시는 것이다.

7. 정리

　예수께서 본디오 빌라도에게 고난을 받으셨다는 고백은 기독교 신앙의 근간을 이루는 데 없어서는 안 될 중요한 요소이다. 이 고난은 예수님이 흠 없는 희생 제물이 되셨음을, 무죄하신 그분이 우리의 죄를 대신 짊어지고 사형을 당하셨음을 확증해 준다. 우리를 향한 하나님의 사랑으로 인해 예수님이 고난당하셨고, 이 고난에 순종하심으로써 우리에게 구원을 주셨다. 고난은 구원을 낳은 순종의 축복이다.

　언젠가 하나님의 심판대 앞에 서게 될 때, 우리는 너무나 뜻밖에도 무죄를 선고받을 것이다. 유죄가 확실한데도 용서가 선포될 것이다. 예수님이 나 대신 고난받으신 그 순종으로 나에게 용서를 선물해 주셨기 때문이다. 예수님은 고난이 하나님께 순종하는 삶의 당연한 결과라고 말씀하신다. 그리고 이제 우리를 이 고난의 자리로 초대하신다.

　제대로 순종하지 못하는 나에게도 고난이 닥쳐온다는 것은 하나님이 나를 하나님 나라에 합당한 자로, 용서받은 죄인으로 만들어 가시는 축복의 과정이다. 영원히 무죄인 이 꿈같은 은혜를 누릴 자로 이 땅에서 기꺼이 고난받는 삶을 살자. 주님 말씀에 순종함으로써 고난을 기꺼이 품어 내는 우리가 되자. 그래서 이 땅의 짧은 삶 동안 힘을 다해 하나님을 사랑하셨던 예수님처럼 그렇게 하나님 없이는 못 사는 그런 삶을 사는 우리가 되자.

◆ 말씀으로 믿음의 뼈대 세우기

1. 하나님은 기쁘신 뜻을 위해 예수님의 상함을 □하셨다.
   - 사 53:10
2. 주님은 □□ 때문에 질고와 슬픔과 고난을 당하셨다.
   - 사 53:4, 5
3. 하나님께서 약속해 주신 것을 받기 위해서는 □□가 필요하다. - 히 10:36
4. 우리는 고난에 □□하는 법을 배워야 한다. - 빌 3:10, 11
5. 현재의 고난은 장차 받을 □□과 비교할 수 없다. - 롬 8:18
6. 고난에 참여하는 자에게 □□도 주신다. - 고후 1:7
7. 그리스도의 남은 □□을 우리 육체에 채워야 한다. - 골 1:24
8. 그리스도의 좋은 □□는 고난을 적극적으로 받는다.
   - 딤후 2:3
9. □□□로 사는 자에게는 고난이 따라온다. - 딤후 4:5
10. 예수님은 고난을 통해 □□을 배우셨다. - 히 5:8
11. 고난당하는 자는 □□해야 한다. - 약 5:13
12. 고난에 참여하는 것을 □□해야 한다. - 벧전 4:13

참여	영광	기도	기뻐	고난	원
전도자	우리	인내	위로	병사	순종

◆ 나눔으로 신앙의 뼈대 세우기

"본디오 빌라도에게 고난을 받으사"

❖ **다가서기**

: 고난당한 적이 있는가? 고난이란 무엇이고, 신앙생활에서 고난은 당신에게 어떤 의미인지 나누어 보라.

❖ **깊이 보기**

1. 사도신경은 기독교 신앙의 뼈대를 간추려 놓은 고백이다. 그런데 본디오 빌라도에게 고난을 받으셨다는 내용이 왜 포함되어 있을까? 이 고백의 의미를 아는 대로 정리해 보라.

2. 사실 예수님은 누구에게 고난을 받으셨다고 해야 하는가?(사 53:10) 그 이유는 무엇인가?(사 53:4, 5)

3. 예수님의 고난이 당신 때문이라고 한다면 무엇이라고 답하겠는가? 예수님의 고난과 당신의 관계를 설명해 보라.

4. 예수님이 고난받으신 이유는 무엇일까?

5. 예수님이 고난당하기로 하신 것은 하나님을 향한 순종이었다. 어떻게 고난이 순종이 될 수 있는지 나누어 보라.

6. 예수님은 우리를 고난의 자리로 초대하신다. 이 자리에 동참하는 방법은 무엇인가?(히 10:36; 살후 3:5)

7. 당신은 고난당할 때 믿음으로 인내한 적이 있는가? 어떤 상황이었고, 그때의 느낌은 어떠했는가? 받은 교훈이 있다면 말해 보라.

8. 빌라도의 법정에서 열렸던 엉터리 두 재판(예수와 바라바)을 정리해 보고, 이 재판이 당신에게 주는 교훈이 무엇인지 나누어 보라.

9. 예수님의 고난을 당신은 어떻게 믿고 있는지 자신의 언어로 정리해 보라.

⋄ **다짐하기** : 당신이 겪고 있는 고난을 곱씹어 보고, 어떻게 하면 이 고난을 기꺼이 품을 수 있을지 구체적인 방법을 생각해 보라.

제 6 강

십자가

"십자가에 못 박혀 죽으시고"

예수님이 십자가에 못 박혀 죽으셨다는 사실은 기독교인뿐 아니라 세상 사람들도 다 아는 상식이다. 이를 믿고 안 믿고에 상관없이 말이다. 그리고 사람들은 '십자가'가 사랑을 상징한다고 생각한다. 하지만 십자가형(Crucifixion)은 예수 당시 로마의 잔인한 사형 집행 방법 중 하나였다. 원래는 아시리아, 페니키아, 페르시아 등에서 사용하던 처형 방법이었다고 한다. 로마에서는 십자 모양이 아니라 T자 모양에 죄수를 매달았다. 처음에는 노예들을 나무에 묶어 놓고 체벌하는 도구였지만, 1세기부터는 흉악한 살인자나 로마에 대항하는 대역 죄인들을 처형하는 것으로 발전했다.

역설적이게도 우리는 그렇게 끔찍한 형벌을 받은 사람을 구세주로 믿는다. "우리는 십자가에 못 박힌 그리스도를 전하니 유대인에게는 거리끼는 것이요 이방인에게는 미련한 것이로되"(고전 1:23). 이 구절은 십자가에 못 박혀 사형당한 죄인을 기독교인들이 그리스도라고 하니까 유대인들에게는 꺼림칙한 일이 되었고, 그 그리스도를 믿기만 하면 구원을 얻는다고 하니까 이방인들에게는 미련하게 보이는 일이 되었다는 뜻이다. 어떤 사람들은 십자가가 예수님처럼 고난을 잘 참아야 한다는 도덕적 본보기를 상징한다고 말한다. 과연 십자가에는 이러한 의미가 있는 것일까? 십자가에 못 박혀 죽으셨음을 믿는다는 사도신경의 구절은 어떤 의미인지 살펴보자.

1. 영적 상태의 기준

십자가형이 선고되면, 죄수는 살이 찢기도록 채찍질을 당한 후에 자신이 못 박힐 십자가의 가로목인 패티블룸(patibulum)을 메고 골고다까지 간다. 그 무게가 약 40-100kg 정도였다고 한다. 죄수가 골고다에 도착하면, 십자가의 세로목인 스티페스(stipes)에 눕혀 18cm나 되는 못을, 양쪽 어깨를 잡아당겨 탈골시킨 후에 양손에 박고 양발에도 박았다. 그 상태로 십자가를 세우면 죄수의 횡격막이 아래로 처져서 숨을 쉬기가 어려워진다. 숨을 쉬려고 팔다리에 힘을 주면 체중 때문에 근육의 결을 따라 살이 찢어져 버린다. 그렇게 겨우겨우 호흡하다가 결국은 탈진하여 질식사하는 것이 십자가형이었다.[9]

너무 고통스러운 과정이다 보니 가족들이 죄수가 빨리 죽을 수 있도록 로마 군병들에게 부탁하면 그들이 죄수의 무릎뼈를 망치로 내리쳤다고 한다. 그러면 더 이상 다리에 힘을 주어 몸을 들어 올려 숨을 쉴 수가 없어서 질식사한다고 한다. 그 당시 죄수의 다리를 쇠망치로 치는 행위는 '크루리프라기움(crurifragium)'이라고 해서 관습적인 일이었다.[10] 하지만 주님은 다리가 꺾이지 않으셨다. 왜냐하면 구약 성경에 예수님의 뼈가 하나도 꺾이지 않을 것이라고 예언되어 있기 때문이다(시 34:20). 이는 그 끔찍한 고통을 숨이 끊어질 때까지 고스란히 다 겪으셨다는 뜻이다.

하지만 주님은 이런 육체적 고통보다 더한 영적인 고통을 당하셨다. 십자가 위에서 예수님은 우리의 모든 죄를 짊어지신 상태였다. 그 죄로 인해 난생처음 하나님과 단절되는 고통을 겪으실 수밖에 없었다. "엘리 엘리 라마 사박다니 하시니 이는 곧 나의 하나님, 나의 하나님, 어찌하여 나를 버리셨나이까 하는 뜻이라"(마 27:46). 이 구절은 상상하기도 힘든 육체적 고통보다 예수께는 하나님과 단절된 그 영적인 고통이 더욱 힘드셨음을 나타낸다. 십자가는 예수님께 육체적으로 영적으로 가장 잔혹한 고통이었다.

이 사건은 우리의 영적인 상태를 돌아보게 한다. 기도하지 않아도, 말씀 읽지 않아도 우리는 영적인 고통을 잘 느끼지 않는다. 하지만 스마트폰과 TV를 못 보게 하면 고통스러워한다. 그런 우리에게 십자가는 나는 무엇을 고통스러워하고 있는지를 점검하게 해 주는 잣대와 같다. 영에 속해 사셨던 예수님처럼, 영적으로 민감한 삶을 살 수 있게 하는 매개체가 십자가이다. 십자가는 '나의 영적 상태가 어떠한가?'를 돌아보게 하는 신앙의 기준이다.

2. 최고의 자랑과 소망

당신은 예수를 믿는 것이 자랑스러운가? 바울은 십자가를 자랑스러워했다. "그러나 내게는 우리 주 예수 그리스도의 십자가 외에 결코 자랑할 것이 없으니 그리스도로 말미암아 세상이 나를 대하여 십자가에 못 박히고 내가 또한 세상을 대하여 그러하니라"(갈 6:14). 바울처럼 자랑할 게 많은 사람이 왜 십자가 외에는 자랑할 것이 없다고 하는 것일까? 지나친 겸손인가?

그 이유는 십자가가 우리에게 구원을 얻게 하는 유일한 사건이기 때문이다. 주님은 십자가에서 돌아가시기 직전에 "다 이루었다(테테레스타이)"라고 말씀하셨다. 이 말은 인간의 죄로 인해 망가진 창조가 이제 십자가 사건으로 인해 완전히 회복되었다는 뜻이다. 다시 에덴의 길, 영생의 길이 열린 것이다. 그러므로 이는 창조를 완성하시고 "보시기에 좋았더라" 하신 하나님의 말씀을 성취하는 말이다. 그렇기 때문에 바울은 십자가가 최고의 자랑이라고 고백한 것이다.

십자가가 완전한 소망의 도구가 되었다. 주님은 홀로 십자가를 지심으로써 우리의 외로움을 십자가에 못 박아 버리셨다. 극심한 고통을 당하심으로써 우리의 고통을 못 박으셨고, 죄악을 짊어지심으로써 우리의 죄악을 못 박아 버리셨다. 십자가에 우리의 외로움과 고통과 죄악을 못 박으셨으니 십자가는 이제 우리의 행복의 상징이요, 참소망이 되었다. 외로움과 고통, 그리고 죄 된 본성 때문에 괴로워하고 있다면 십자가를 보라. 거기에 내 외로움과 고통과 죄 된 본성이 못 박혀 있다. 십자가에 그 모든 것을 못 박고, 참소망이 되신 예수 그리스도를 바라보라. 그러면 내 인생의 벼랑 끝에서 참행복과 참소망이라는 날개가 등에 달려 있음을 깨닫게 될 것이다.

3. 율법의 저주에서 우리를 속량하심

예수님은 왜 십자가에 못 박히심으로써 우리의 죄를 사하셨을까? 다른 방법으로 죽으실 수도 있었을 텐데 말이다. "그리스도께서 우리를 위하여 저주를 받은 바 되사 율법의 저주에서 우리를 속량하셨으니 기록된 바 나무에 달린 자마다 저주 아래에 있는 자라 하였음이라"(갈 3:13). 그 이유는 율법의 저주에서 우리를 속량하시기 위해서다. 십자가형은 하늘과 땅 사이에 매달려서 죽는 모양새이다. 그러니까 영적으로 하나님께도 버림받고, 인간들에게도 버림받는 저주가 십자가라는 나무에 달려서 죽는 것이다. 주님은 이 죽음의 의미를 너무도 잘 아셨지만 율법의 저주에서 우리를 속량하시려고 십자가에서 죽으신 것이다.

그러면 이 율법의 저주가 무엇일까? 갈라디아서 3장 13절은 신명기 27장을 배경으로 한다. 하나님께서는 모세에게 가나안 땅에 들어가거든 이스라엘 지파의 절반은 축복을 상징하는 그리심 산에 서게 하고, 절반은 저주를 상징하는 에발 산에 서게 하라고 명령하신다. 그리고 레위 사람들이 율법을 실행하면 축복을 받고, 그렇지 않으면 저주를 받으리라는 내용을 낭독하면 온 백성이 '아멘' 하라고 하신다. 아멘은 모든 축복과 저주에 동의한다는 뜻이다. 하지만 문제는 인간의 노력으로는 율법의 조항을 다 지킬 수 없다는 점이다.

결국, 인간들은 축복의 그리심 산이 아니라 에발 산에 서게 되고, 저주를 받게 될 것이다. 그래서 로마서 5장 20절은 "율법이 들어온 것은 범죄를 더하게 하려 함이라 그러나 죄가 더한 곳에 은혜가 더욱 넘쳤나니"라고 말한다. 율법의 기준으로는 우리의 범죄만 드러날 뿐이라는 것이다. 그래서 율법의 저주라고 표현하는 것이다.

하나님은 인간이 아무리 노력해도 결코 축복의 그리심 산에 설 수 없음을 아셨다. "또 거기서 네 하나님 여호와를 위하여 제단 곧 돌단을 쌓되 그것에 쇠 연장을 대지 말지니라 너는 다듬지 않은 돌로 네 하나님 여호와의 제단을 쌓고 그 위에 네 하나님 여호와께 번제를 드릴 것이며"(신 27:5, 6). 그래서 저주의 에발 산에 제단을 쌓으라고 하신다. 지키지 못한 율법으로 인해 받을 저주를 희생 제사를 드림으로써 우리가 속량받기를 원하셨다.

그런데 이 제단을 쇠 연장으로 다듬지 않은 돌로만 쌓으라고 하신다. 인간의 방법이 아닌 다른 수단으로 제단을 쌓으라는 말씀이다. 즉 예수 그리스도의 십자가 제단이다. 그러므로 사도신경에서 십자가에 못 박히심을 믿는다는 고백은 '이 율법의 저주 아래에서 우리를 속량하셨음을 믿습니다'라는 내용이 된다.

4. 속량받은 사람의 특징

1) 죄인임을 안다

여기서 죄인이란 '세상에 죄 없는 사람이 어디 있어요?'라는 차원의 죄인이 아니다. 하나님 앞에서 내 힘으로는 죽어도 율법의 요구를 충족시킬 수 없고, 결국은 저주받아 죽을 수밖에 없다는 사실을 인정하는 죄인이다. 마치 에발 산에서 선포했던 저주에 대해 '아멘' 했던 사람들처럼 말이다. 죄인은 저주에 대해 아멘 하는 사람이다. 주님은 이런 죄인을 위해서 죽으셨다. 당신은 자신의 노력, 자신의 힘으로는 결코 율법을 다 지킬 수 없기에 하나님의 진노를 받을 수밖에 없는 죄인임을 인정하는가? 진심으로 이 사실에 아멘 할 수 있는가? 그렇다면 예수 그리스도의 속량은 당신의 것이 맞다.

2) 율법으로 살지 않는다

율법은 나쁜 것이 아니다. 우리의 죄를 깨닫게 하는 하나님의 도구이다. 성경은 십자가가 율법을 못 박아 버렸다고 설명한다. "우리를 거스르고 불리하게 하는 법조문으로 쓴 증서를 지우시고 제하여 버리사 십자가에 못 박으시고"(골 2:14). 여기서 '법조문으로 쓴 증서'가 율법이다. 그 율법의 저주를 예수님께서 십자가에 못 박아 버리셨다고 한다. 그래서 더 이상은 율법이 우리를 고소하지 못하게 하셨다. 사탄이 하나님의 백성을 참소할 증서가 없어져 버린 것이다.

그래서 그리스도인은 율법에 매여 율법주의를 따라 살면 안 된다. 속량받은 사람은 율법이나 종교적 열심으로 자신과 남을 정죄하고 판단할 수 없다. 주님이 십자가를 통해서 주신 용서를 믿는 사람은 율법이 아니라 은혜로 살아간다. 하나님 나라의 최고 상위법은 은혜이다. 은혜 따로, 법 따로 있는 것이 아니다. 최고 법이 은혜이다.

3) 용서하면서 산다

주님은 베드로가 "형제가 내게 죄를 범하면 몇 번이나 용서하여 주리이까 일곱 번까지 하오리이까?"라고 질문하자 "일곱 번을 일흔 번까지라도 할지니라"(마 18:22)라고 대답하셨다. 그리고 그 이유를 만 달란트 빚진 자와 백 데나리온 빚진 자의 비유로 밝히셨다. 만 달란트 빚진 종을 불쌍히 여겨 주인이 모두 탕감해 주었더니 종이 자신에게 백 데나리온 빚진 동료는 용서하지 않고 옥에 가두었다는 그 이야기이다.

만 달란트를 오늘날의 돈으로 환산하면 어느 정도일까? 일 달란트가 육천 데나리온이니, 만 달란트는 육천만 데나리온이다. 일 데나리온이 하루 품삯이므로 만 달란트는 육천만 일, 연수로 따지면 164,384년 동안 한 푼도 안 쓰고 모아야 하는 돈이다. 그 당시 로마에 바쳤던 일 년 세금이 팔백 달란트였으니 얼마나 엄청난 액수인가? 우리나라 돈으로 환산하면 하루 일당을 오만 원으로 쳐도, 약 삼조 원이다. 만 달란트는 쉽게 말해 절대 갚을 수 없는 돈을 상징한다. 백 데나리온은 오백만 원 정도로, 만 달란트와 비교할 때 매우 적은

금액이다.

　주님은 만 달란트를 탕감받은 종의 모습이 우리의 모습이어야 한다고 말씀하신다. 우리는 죽어도 갚을 수 없는 만 달란트와 같은 죄를 용서받았다. 그것이 바로 십자가의 은혜이다. 그에 반해 이 세상에 있는 모든 가치는 다 합쳐도 고작 오백만 원어치 정도밖에 안 된다. 그러므로 십자가의 은혜를 제대로 깨닫고 안다면 이 세상에서 용서 못 할 일이 없다. 내가 삼조 원을 탕감받았다면 누가 나에게 오백만 원을 안 갚는다 해도 용서할 수 있지 않겠는가?

　혹시 씻을 수 없는 상처를 받았는가? 혹시 사기를 당해서 가족이 모두 오래도록 고통 속에서 살았는가? 그렇다면 상처를 주고, 사기를 친 사람이 쉽게 용서되지 않을 것이다. 하지만 이 세상의 가치는 다 합쳐 보아도 오백 만원어치의 값어치밖에 안 된다고 가정하면 좋겠다. 그리고 우리가 받은 용서는 삼조짜리 가치가 있음을 기억하기 바란다. 분노는 성도에게 맞는 옷이 아니다. 십자가의 속량을 생각하면서 참아 주고, 용서해 주자. 그러면 놀랍게도 하늘의 자유가 주어질 것이다. 십자가를 생각함으로 불쌍히 여기는 마음을 달라고, 또한 그를 축복해 달라고 기도를 시작해 보라. 완전히 다른 세상이 기다리고 있을 것이다. 용서가 주는 기쁨을 만끽할 테고, 샬롬이 무엇인지를 경험하게 될 것이다. 이것이 바로 하늘의 자유이다.

　주님은 우리에게 다 '자기 십자가'를 지고 당신을 따르라고 말씀하셨다(마 16:24). '자기 십자가'가 무엇일까? 나를 힘들게 하는 것일까? 틀린 말은 아니다. 주님의 십자가도 주님을 힘들게 하는 것이었을까? 아니다. 주님의 십자가는 용서였다. 십자가에서 주님은 "다

이루었다"라고 말씀하셨다. 자기 십자가를 진다는 것은 우리도 이 땅에서 온전히 이루어야 할 것이 있음을 전제한다. 그 십자가가 바로 용서이다. 용서는 결국 사랑이다. 하나님을 사랑하고, 이웃을 사랑하는 것, 이것이 우리가 다 이루고 죽어야 할 자기 십자가이다. 용서는 사명이다.

4) 주님과 함께 산다

성경은 주께서 십자가에서 죽으신 이유가 우리와 함께 살기 위해서라고 설명한다. "예수께서 우리를 위하여 죽으사 우리로 하여금 깨어 있든지 자든지 자기와 함께 살게 하려 하셨느니라"(살전 5:10). 주님과 함께 산다는 것은 죄를 짓지 않고 살아간다는 뜻이 아니다. 여전히 죄가 내 삶 가운데 있지만 그 죄의 찌꺼기가 결코 나를 정죄할 수 없다는 사실을 고백하며 살아가는 것이다. 언젠가는 이 죄와 전혀 상관없는 존재가 되리라 믿으며 사는 것이다. 다시 죄를 짓더라도 십자가의 은혜로 용서받았음을 기억하고, 다시 추스르고, 다시 감사하며, 다시 죄 짓지 않으려 애쓰는 삶을 사는 것이다. 포기하지 않고 하나님 앞으로 나아가는 것이다.

이것이 바로 주님과 함께 사는 삶의 모습이다. 십자가는 내세의 생명뿐만 아니라 현세의 삶도 송두리째 바꾸는 은혜인 것이다. 십자가의 은혜가 우리를 주님과 함께 사는 삶으로 바꾸어 놓는 것이다.

5. 정리

　당신에게 십자가란 무엇인가? 십자가는 가장 혹독한 고통을 상징하는 도구로, 우리의 영적 상태를 돌아보게 하는 수단이 된다. 그러면서도 십자가는 우리 생애 최고의 자랑이고, 우리의 모든 외로움과 죄와 고통을 못 박게 하여 참소망이 되어 준다. 그리고 사탄이 더 이상 우리를 율법의 저주로 참소하지 못하게 하는 승리의 도구이다.

　이런 십자가의 은혜를 정말로 안다면, 우리는 먼저 내가 죄인임을 기억하고 살아가게 된다. 그리고 율법으로 남과 나를 정죄하고 판단하던 삶을 청산하게 될 것이다. 그뿐만 아니라 내가 받은 용서의 크기를 알기에 남을 용서하는 삶을 살게 되고, 십자가의 용서를 깨달은 후로는 주님과 함께하는 삶을 살게 될 것이다.

　이것이 십자가에 못 박혀 죽으셨음을 믿는다는 고백의 의미이다. 이 십자가를 붙들고 살자. 그러면 이 땅에서 풀리지 않던 문제들의 답을 찾을 수 있고 샬롬을 경험하게 될 것이다.

◆ 말씀으로 믿음의 뼈대 세우기

1. 십자가는 우리의 ☐☐이다. - 갈 6:14
2. 십자가 사건으로 예수님은 우리를 율법의 ☐☐에서 속량해 주셨다. - 갈 3:13
3. 예수님이 십자가에서 죽으신 이유는 우리와 함께 ☐☐ 위함이다. - 살전 5:10
4. 예수님을 따르려는 사람은 반드시 ☐☐ 십자가를 져야 한다. - 마 16:24
5. 예수께서 십자가를 지심은 우리가 죄에게 ☐노릇하지 않게 하려 하심이다. - 롬 6:6
6. 우리는 십자가에 ☐☐☐☐와 함께 못 박혔다. - 갈 2:20
7. 십자가는 예수를 믿는 ☐☐ 안에서 살게 한다. - 갈 2:20
8. 예수 믿는 사람은 자신의 육체와 함께 정욕과 ☐☐도 십자가에 못 박았다. - 갈 5:24
9. 십자가의 피는 하나님과 세상이 ☐☐을 이루게 한다.
   - 골 1:20
10. 예수님은 십자가를 참으심으로써 우리의 믿음을 ☐☐하게 하셨다. - 히 12:2

온전 탐심 자랑 화평 믿음 종 살기 저주 자기 그리스도

◆ 나눔으로 신앙의 뼈대 세우기

"십자가에 못 박혀 죽으시고"

세상 사람들은 십자가에 대해 어떤 이미지를 가지고 있는가? 그들이 그렇게 생각하는 이유가 무엇일지 나누어 보라.

❖ **다가서기**

1. '엘리 엘리 라마 사박다니'는 무슨 뜻인가?(마 27:46) 그 고백이 우리에게 시사하는 바는 무엇인가?

❖ **깊이 보기**

2. 바울은 십자가 외에는 자랑할 것이 없다고 단언했다(갈 6:14). 그 이유가 무엇인지, 이 사실에 동의하는지, 동의하지 않는다면 그 이유는 무엇인지 나누어 보라.

3. 십자가 사건으로 인해 사탄은 더 이상 우리를 참소하지 못하게 되었다. 왜 그러한지 말해 보라(갈 3:13).

4. 십자가의 속량을 참으로 깨달은 사람은 어떻게 살아가야 하는가?(골 2:14) 당신 속에 율법주의가 있는지 면밀하게 돌아보는 시간을 가지라.

5. 십자가의 은혜를 깨달은 사람은 왜 용서하는 삶을 살 수밖에 없는가? 마태복음 18장에 나오는, 만 달란트 빚진 자와 백 데나리온 빚진 자의 비유로 설명해 보라.

6. 십자가에 못 박혀 죽으신 주님을 믿는다는 고백은 주님과 함께 살겠다는 결심을 나타낸다(살전 5:10). 주님과 함께 산다는 것이 무슨 의미인지 나누어 보라.

7. 예수님이 십자가에서 당신을 위해 하신 일이 무엇인지 자신의 말로 나누어 보라.

8. 예수님이 십자가에 달려 돌아가셨다는 사실을 통해 갖게 된 당신의 믿음을 정리해 보라.

　　　　　　　　　　　　　　　　　　　　　　
　　　　　　　　　　　　　　　　　　　　　　
　　　　　　　　　　　　　　　　　　　　　　
　　　　　　　　　　　　　　　　　　　　　　

: 당신 속에 있는, 주님을 따르는 삶을 방해하는 요소들을 점검하고, 어떻게 하면 그것들을 제거할 수 있는지 구체적으로 계획을 세워 보라. 그리고 하나님께 도움을 요청하라.　　❖ **다짐하기**

제 7 강

장사되심

"장사되사 음부에 내려가시고"

세상에는 죽음을 경험해 본 사람도 없고, 죽었다가 살아난 사람도 없다. 대부분의 인간은 죽음을 두려워한다. 극도로 고통을 겪다가 죽지는 않을지, 갑자기 죽지는 않을지, 또 죽음 후에는 무엇이 있는지 잘 모르기 때문에 두렵다. 성경에서는 죽음을 죄의 결과라고 설명한다.

사도신경에서는 예수님이 '장사(葬事)한 지' 사흘 만에 다시 살아나셨다고 고백한다. 장사는 '죽은 사람을 땅에 묻거나 화장(火葬)하는 일'을 말한다. 이 고백은 예수님의 죽음이나 부활을 보충하는 설명 같지만, 사실은 별개의 내용이다. 못 박혀 죽으셨다고 했는데 왜 또 이 표현을 첨가했을까? 예수께서 땅에 묻히셔야 했기 때문이다. 왜 그래야 하셨을까? 창세기 3장 19절 후반절을 보면, 하나님께서 죄를 범한 아담에게 "너는 흙이니 흙으로 돌아갈 것이니라"라고 말씀하신다. 인간이 범죄한 결과가 바로 흙으로 돌아가는 것, 무가치로 돌아가는 것이다. 예수께서 땅, 그러니까 흙에 묻히신 것은 우리가 흙에 묻혀야 하는 그 저주를 고스란히 당하셨다는 의미이다. 그러므로 예수님이 장사되셨다는 고백은 죄의 짐을 우리 대신 지고 사망하셨음을 확증하는 내용이다.

1. 장사지낸 사람들

요한복음 19장 38-42절을 보면, 예수님의 장례를 아리마대 사람 요셉과 니고데모가 함께 치렀음을 알 수 있다. 다른 본문에서는 이 두 사람이 다 부자였고, 선하고 의로우며, 존경받았고, 산헤드린 공회원에, 하나님 나라를 기다렸다고 증언한다. 하지만 과거에는 둘다 부끄러운 제자들이었다. 아리마대 요셉은 예수님의 제자였지만 이를 숨겼고, 예수님이 돌아가신 후에야 마음을 돌이켜서, 자신이 쓰려던 새 무덤에 예수님을 장사했다. 니고데모 역시 처음에는 예수님을 몰래 만나러 왔지만(요 3장), 예수님이 잡히신 후에는 예수님을 변호했다(요 7장). 그리고 예수님이 돌아가시자 몰약과 침향을 준비하여 장례를 치렀다.

두 사람 다 믿음을 숨겨 온 제자들이었지만, 나중에는 돌이켜 예수님의 장례를 치렀다고 증언한다. 당시 산헤드린은 모세의 70인

장로 제도에서 착안하여 (71명, 72명 등 조금씩 다르게 보기도 하지만) 70인으로 구성된 만장일치제의 최고 의결 기구였다. 그런데 누가복음 23장 50, 51절에서는 아리마대 요셉을 '선하고 의로운 요셉'이라고 칭하면서 '그들[산헤드린 공회원들]의 결의와 행사에 찬성하지 아니한 자'라고 소개한다. 예수님의 죽음을 모의한 공회에 요셉이 없었다는 뜻이다. 만약 요셉이 공회에 참석해서 예수님을 죽이는 것을 반대했다면 만장일치가 될 수 없으므로 십자가 사건이 일어날 수 없었을 것이다. 하나님의 섭리 아래에서 요셉이 그 자리에 없었던 것이다.

그리고 요셉과 니고데모는 예수님의 시체를 받아온다. 그들이 함께 논의했는지는 알 수 없지만, 요한복음 19장에서는 예수님의 시체를 가져다가 향품을 바르고 장례를 치르는 데 둘 다 적극적이었다고 묘사한다. 보통은 십자가형을 당한 죄인의 시체는 짐승이나 새에게 시체가 뜯기도록, 그리고 사람들이 보도록 그대로 내버려 두었기에 그 시체를 가져올 수가 없었다. 하지만 이들은 산헤드린 공회원이라는 신분을 이용하여 시체를 받아 왔다. 그뿐만이 아니라 부자였다. 그래서 예수님을 새 무덤에 장사할 수 있었다.

조합해 보면, 이들이 산헤드린의 재판 자리에 없었기에 예수님을 죽이도록 공모가 이루어졌고, 공회원이었기에 시체를 가져올 수 있었고, 부자였기에 새 무덤에 시체를 장사지낼 수 있었다. 하나님께서 예수님의 장사를 위해 이들을 준비하셨던 것이다.

2. 장사지냄의 의미

그렇다면 이들을 통해 장례를 치른 것에는 무슨 뜻이 있을까? 첫째, 구약 이사야서의 예언이 성취되었음을 나타낸다. "그는 강포를 행하지 아니하였고 그의 입에 거짓이 없었으나 그의 무덤이 악인들과 함께 있었으며 그가 죽은 후에 부자와 함께 있었도다"(사 53:9). 이 말씀대로 예수님은 죽은 후에 부자와 함께 계시게 되었다.

둘째, 예수님의 죽음을 공식적으로 확인하는 계기가 되었다. 유대인들이 신뢰하고 존경하는 공회원들이 예수님의 장례를 치른 것이다. 그들의 행동과 증언은 예수님이 실제로 죽어서 땅에 장사되었다는 확실성을 증명해 주기에 충분하다.

셋째, 죽음이 끝이 아님을 알게 되었고 부활이라는 소망을 꿈꿀 수 있게 되었다. 아리마대 요셉은 자신이 사용하려고 했던 무덤에 예수님을 모셨다. 어쩌면 자신의 손으로 직접 예수님을 세마포로 싸서 장례를 치러 드렸을 수도 있다. 그런데 이 무덤에서 예수님이 부활하셨다. 시간이 흘러 요셉이 죽음을 앞두고 있었을 때 그에게 죽음은 어떤 의미로 다가왔을까? 그는 너무도 분명한 부활의 현장에 묻힐 것이다. 아마도 그는 죽음을 부활로 이어지는 하나의 과정으로 받아들이지 않았을까? 그에게 죽음은 기쁨이요, 위로요, 소망이지 않았을까? 이처럼 예수님의 장례는 인간이 두려워하는 죽음을 실제적인 기쁨으로 바꾸는 사건이 되었다.

3. 음부에 내려가시고

한글 사도신경에는 '음부에 내려가시고(He descended into hell)'가 없는데, 라틴어, 영어, 헬라어 사도신경에는 있다. 한글 새번역 사도신경에는 "'장사되시어 지옥에 내려가신 지'가 공인된 원문(Forma Recepta)에는 있으나, 대다수의 본문에는 없다"라는 난외주가 달려 있다. 사도신경이 공인되는 역사적 과정에서 이 부분은 있기도 했고 없기도 했다. 그리스도인들에게 구전(口傳)으로만 전해 오던 예수님의 지옥 강하설은 4세기 아퀼레이안(Aquileian) 형태의 사도신경(A.D. 390)에서 처음 문구화된다.[11]

2세기에서 7세기에 걸쳐 사용된 신앙 고백문은 무려 30가지가 넘는다. 그중 여러 사도신경에서 '음부에 내려가시고'를 생략한 이유는 장사했다는 말에 지옥 강하가 포함되어 있다고 보았기 때문이다. 그리고 그리스도께서 지옥에 내려가셨다는 표현으로 인해 생길 불필요한 논쟁과 잘못된 성경 이해를 피하기 위해서이기도 했다.

한국의 경우, 1894년 언더우드 선교사나 1905년 장로교 선교사 협의회에서 번역한 사도신경에는 '음부에 내려가셨으며'라는 문구가 있었다. 하지만 감리교의 사도신경에는 없었다. 감리교의 창시자인 존 웨슬리(John Wesley)가 감리교 신조에서 '그리스도의 음부 강하'를 생략했기 때문이다.[12]

1908년, 한국 교회는 모든 교파가 함께 사용할 합동 찬송가를 발행했다. 그때 성경에 나오는 주기도문과 십계명을 수록하는 데는 문제가 없었지만, 성경에 명시되지 않은 사도신경, 특히 '음부에 내려가시고'라는 부분에서 교단 간의 견해 차이가 생겼다. 이에 사도신경의 보편적인 역사와 감리교의 의견을 반영하여 이 문구를 생략하기로 결정했고, 그 사도신경을 지금까지 사용하고 있다.

4. 음부에 대한 여러 견해

'음부에 내려가시고'를 가톨릭에서는 '저승에 가시어'라고 번역한다. '저승'이란 그들이 주장하는 '선조 림보'를 말한다. 천주교에서 사람이 죽으면 가게 되는 내세관은 천국과 지옥만 있다는 기독교와 다르다. 그 외에 연옥(Purgatory)과 선조 림보(Limbus Patrum), 유아 림보(Limbus Infantum)를 포함해 총 다섯 가지이다. 림보(경계)는 지옥의 가장자리에 있는 곳으로, 영세(Baptism)를 받지 못한 어린아이들이 머무는 곳이 유아 림보고, 구약의 선조들이 가 있는 곳이 선조 림보이다. 천주교에서는 예수님이 내려가신 음부가 바로 이 선조 림보라고 한다. 그곳에 가셔서 구약의 성도들을 데리고 천국으로 가셨다는 것이다.

하지만 성경에는 연옥과 림보에 대한 어떠한 말씀도 나오지 않는다. 오히려 구약 시대 성도들도 오실 그리스도를 바라보며 살았기 때문에 하나님과 함께 있다고 가르치므로(민 23:10; 시 16:10, 11; 시 73:24, 25) 이 견해는 옳지 않다.

또 다른 견해로는 루터교에서 주장하는 '지옥 정복설'이 있다. 루터교는 개신교지만, 종교 개혁의 신학적 정립이 완전히 되지 않은 시기에 독립적으로 시작된 교단이기 때문에 개혁 교회와 다른 부분들이 꽤 있다. 루터교에서는 음부를 지옥으로 이해한다. 그곳에서 예수님이 사탄과 죽음을 이기셨음을 3일 동안 승전 행보하신 것이라고 말한다. 이런 해석은 정경이 아닌 외경이나 에녹서 등을 근거로 하는 경향이 있다. 하지만 성자 하나님께서 부활 전에 이미 살아나셨다는 것은 성경이 지지하는 바가 아니다.

또 몇몇 개신교 교파는 소위 '제2의 기회설'을 주장한다. 예수님이 지옥에 있는 이들에게 복음을 선포하셔서 다시 회개할 기회를 주기 위해서 지옥으로 내려가셨다는 견해이다. 하지만 성경 어디에도 죽은 후에 회개할 기회가 있다는 기록은 없다.

5. 해석에 차이가 생기는 이유

첫째, '음부'에 대한 모호한 번역이 문제이다. 음부를 지칭하는 '하데스(hades)'는 구약에서는 '스올(sheol)'이, 신약에서는 '게헨나(gehenna)', '타르타루스(tartarus)'가 사용된다. 그런데 하데스가 라틴어를 거쳐 영어로 번역되면서 단순하게 '지옥(Hell)'이라고 표기되어 혼란이 가중되고 말았다. 성경 전체에서 음부(하데스)는 지옥을 의미하기도 하지만, 죽음의 상태, 무덤, 지옥에서 겪는 고통 등을 나타내기도 하는 포괄적인 개념이다. 그래서 음부를 단순히 지옥이라고 번역한 것은 틀리지도 않지만 적확하지도 않다.

둘째, 베드로전서 3장 19절을 잘못 해석했기 때문이다. "그가 또한 영으로 가서 옥에 있는 영들에게 선포하시니라." 몇몇 개신교 교파에서는 이 부분을 예수께서 영으로 지옥에 가셔서 거기에 있는 영들에게 복음을 전하셨다고 해석한다. 하지만 이어지는 20절을 보면, 이 옥에 있는 영들을 '전에 노아가 방주를 준비하는 동안 복종하지 않은 자들'이라고 설명한다. 그러므로 19절은 예수께서 노아 속에서 그리스도의 영으로 역사하셔서 지금은 지옥에 있는 노아 시대의 그들에게도 복음을 전하셨다는 뜻이다.

6. 음부에 내려가심의 의미

그렇다면 '음부에 내려가시고'를 어떻게 해석해야 하는가? 결론부터 말하면, 음부는 장소의 개념이 아니라 '지옥에서 겪는 고통'이라는 상징적인 의미로 보아야 한다. 실제로 지옥에 내려가시지 않았지만, 십자가의 고통이 지옥의 고통과 같은 극심한 영혼의 고통이었음을 상징하는 것이다. 앞에서 잠깐 살폈듯이 음부라는 단어에 이러한 용례가 있다.

또한, 예수님이 십자가에 함께 달린 강도에게 "오늘 네가 나와 함께 낙원에 있으리라"(눅 23:43) 하신 말씀에 근거해서도 그렇다. 그뿐만 아니라 예수님은 십자가에서 "다 이루었다"(요 19:30)라고 하신 후 돌아가셨는데, 만약 그 후에 지옥에 내려가서 무언가를 더 하셔야 했다면, '다 이루었다'가 아니라 '조금 남았다'라고 하셨으리라. 그러므로 '음부에 내려가시고'는 지옥의 고통을 당하셨다는 고백이다.

주님이 경험하신 그 지옥의 고통은 무엇일까? 하나님의 선하심으로부터의 단절이다. 어떠한 은혜도, 복도 더는 기대할 수 없는 상태이다. 지금 내가 살아가는 현실 상황이 지옥처럼 고통스러울지라도 그것은 지옥의 실상이 아니다. 이 땅에 사는 동안은 하나님의 은혜가 임하기 때문이다. 우리가 이 땅에서는 천국의 본질을 온전히 맛볼 수 없듯이 지옥 역시 온전히 경험할 수 없다. 하지만 주님은 온전히 경험하셨다.

성경은 죽음에 세 가지 종류가 있다고 밝힌다. 육의 죽음, 영의 죽음, 영원한 죽음이다. 우리는 아담에게 이 세 가지 죽음을 물려받았다. 아담이 죄를 지었을 때 육은 바로 죽지 않았지만, 영은 즉시로 죽었다. 죄는 하나님과의 단절을 의미하기 때문이다. 살아 있는 것 같은 육체 역시 마치 크리스마스트리로 잘라 온 나무처럼 겉은 멀쩡하지만, 서서히 죽어 갔다. 영이 죽고, 육이 죽고, 결국은 영원히 죽는 것이다.

예수님의 죽으심은 이 세 가지 죽음을 전부 당하셨다는 뜻이다. 예수님의 죽으심은 인류의 죽음을 대표하는 것이기 때문이다. 하지만 그 모든 죽음의 권세를 이기고 부활하셨다. 즉 우리에게 이 세 가지 죽음을 완전히 처리하신 구원을 주신 것이다. 그래서 믿음의 선현들은 세 가지 죽음에서 속량받았음을 표현하고자 '못 박혀 죽으시고, 장사지낸 바 되시고, 음부에 내려가시고'라는 고백으로 죽음을 기록한 것이 아닐까?

7. 그리스도인의 죽음

예수님이 인간이 직면한 세 가지 죽음을 감당해 주셨기 때문에 우리에게 죽음은 마치 독 없는 전갈처럼 되어 버렸다. 그래서 바울은 "사망아 너의 승리가 어디 있느냐 사망아 네가 쏘는 것이 어디 있느냐 사망이 쏘는 것은 죄요 죄의 권능은 율법이라"(고전 15:55, 56)라고 말한다. 이제 죽음은 더 이상 형벌이 아니다. 죄의 결과도 아니다. 두려움의 대상도 아니다. 예수님이 대신 지옥의 고통을 당하셨기에 우리에게는 더 이상 그 고통이 없다.

그래서 "하이델베르크 교리 문답" 44문은 "지옥에 내려가셨다는 말을 왜 덧붙이고 있습니까?"라는 질문에, "내 주 예수 그리스도께서 나를 지옥의 고통과 괴로움에서 구원하셨음을 확신하고, 거기서 풍성한 위로를 얻게 하기 위해서입니다"라고 답한다. 인간에게 죽음이란 죄를 그치는 것이고, 영원한 생명에 들어가는 것이다. 바울은 "이는 내게 사는 것이 그리스도니 죽는 것도 유익함이라"(빌 1:21)라고 선언한다. 지옥의 고통을 대신 당해 주신 주님의 은혜로 죽음은 구원의 확증이요, 성화(Sanctification)의 마지막 단계요, 영화(Glorification)의 시작이 되었다. 죽음이 가장 큰 위로요, 참안식으로 들어가는 문이 된 것이다.

정말 이렇게 믿는가? 교회는 오래 다녔는데, 죽음의 의미를 잘 모르고 있었다면, '음부에 내려가시고'라는 고백을 통해 죽음의 의미를 새롭게 세우는 감격이 있기 바란다. 죽음이 더 이상 두려움이 아니라 참된 위로와 소망이 된다면, 우리가 살아가는 방식도 달라질 것이다. 죽음이 하나님 나라에 들어가는 문인 것을 진정으로 깨달으면, 하나님 나라로 난 길을 따라 걸어가게 될 것이다.

이는 세상에서 움켜잡고 아등바등하던 것들을 다 내려놓고, 자기 십자가를 지고 주를 따르며, 하나님의 위로로 살고, 하나님을 사랑하고, 하나님의 영광만을 위해서 살아가는 것이다.

8. 정리

장사되사 음부에 내려가셨다는 고백은 주께서 우리 대신에 모든 죽음을 다 겪으셨고 지옥의 고통을 다 받으셨다는 뜻이다. 이제 우리에게는 지옥의 고통이 없다. 가장 큰 두려움이었던 죽음조차도 위로와 영생으로 들어가는 문으로 바뀌었다. 주님을 장사지냈던 아리마대 요셉과 니고데모처럼 우리도 우리의 부활을 기대하며 살아가야 한다. 죽음에 대한 두려움을 떨쳐 버리고, 내 무덤에서도 부활이라는 역사가 일어날 것을 굳게 믿으며 살아야 한다. 주의 죽음을 본받아 나도 기꺼이 내 십자가를 지고 살아야 한다. 죽음을 두려워하는 이들에게 내 구주의 대속의 은혜를 전하며 살아야 한다.

◆ 말씀으로 믿음의 뼈대 세우기

1. 구약에서는 예수님이 죽은 후 ☐☐와 함께 있을 것이라고 예언한다. - 사 53:9
2. 예수님은 ☐☐인데도 죽음을 당하셨다. - 민 23:10
3. 예수님은 ☐☐에 있는 노아 시대의 사람들에게도 복음을 전하셨다. - 벧전 3:19, 20
4. 예수님은 죽으셨지만 사망이 ☐☐한 것은 아니다. - 고전 15:55, 56
5. 예수의 죽으심으로 우리에게는 죽음도 ☐☐한 것이 되었다. - 빌 1:21
6. 예수님을 장사지냈다는 것은 역사적 ☐☐이다. - 마 27:57-60
7. 예수님은 ☐☐에 버림이 된 것이 아니다. - 행 2:31
8. 우리는 ☐☐받음으로써 주님처럼 장사지낸 바 되고 다시 살아날 것이다. - 롬 6:4

지옥 음부 유익 세례 부자 승리 사실 의인

◆ 나눔으로 신앙의 뼈대 세우기

"장사되사 음부에 내려가시고"

❖ **다가서기**

: 사람들은 죽음이 무엇이라고 생각할까? 죽음에 대한 보편적인 의견들을 나누어 보고, 왜 그렇게 생각하는지도 나누어 보라.

❖ **깊이 보기**

1. 예수님을 장사지낸 사람들은 누구이고, 그들의 공통적인 배경은 무엇이며, 그들이 한 일들을 정리해 보라(요 19:38-42).

2. 이들에게 예수님의 부활은 어떤 의미였을까? 실제로 예수님을 세마포와 두건으로 싼 것과 자기가 묻힐 무덤에서 부활이 일어났음에 착안하여 의견을 나누어 보라.

3. 한글 사도신경에는 '음부에 내려가시고'가 나오지 않는다. '음부'는 무엇을 의미하는가?

4. 예수님은 죽으신 후 '지옥의 고통'을 경험하셨다. 이것은 어떠한 고통이었는가?

5. 성경에서 설명하는 세 가지 종류의 죽음은 무엇인가?

6. 예수님의 죽음은 우리 그리스도인에게 어떤 영향을 미치는가? 당신은 정말로 그렇게 믿는가?(고전 15:55, 56)

7. 당신에게 죽음은 어떤 의미인가? 성경이 말하는 죽음의 의미와 당신의 생각을 비교하여 나누어 보라(골 2:12).

_____
_____
_____
_____

❖ **다짐하기** : 죽음이 정말로 나에게 위로와 소망이 되는가? 그렇다면 이 땅에서 어떻게 살아야 할지 구체적인 계획을 세워 보라.

제 8강

부활

"죽은 자 가운데서 다시 살아나시며"

주님은 돌아가신 지 사흘 만에 살아나셨다. 해가 지면 하루가 시작되는 고대 사회의 계산 방식에 따르면, 죽은 날과 부활한 날을 포함하여, 금요일 오후에 돌아가셔서 일요일 새벽, 즉 삼 일째 되는 날 부활(復活)하셨다. 우리는 사도신경에서 주의 부활을 '죽은 자 가운데서 다시 살아나심'이라고 고백한다. 그냥 다시 살아나셨다고 하면 되지, 왜 죽은 자(들) 가운데서라는 말을 덧붙이는 걸까? 성경의 매우 많은 곳에서 그렇게 예언하고 있기 때문이다(마 17:9; 요 20:9; 행 3:15; 롬 1:4; 고전 15:12; 엡 1:20; 골 2:12). 사도신경은 성경에 근거한 신앙의 고백이다. 예수님을 믿고 죽은 자들은 주님처럼 죽은 자들 가운데서 장차 반드시 부활할 것이다(고전 15:13, 15, 17).

1. 부활에 대한 도전들

부활은 십자가 사건과 떼려야 뗄 수가 없다. 부활이 없으면 십자가도, 대속적인 죽음도 효력이 없다. 그래서 고린도전서 15장 17절에서는 "그리스도께서 다시 살아나신 일이 없으면 너희의 믿음도 헛되고 너희가 여전히 죄 가운데 있을 것이요"라고 말하면서, 부활이 기독교 신앙의 핵심 중의 핵심임을 천명한다. 이 부활이 사실이 아님을 증명해 낸다면 기독교를 무너뜨릴 수 있으리라. 그래서 역사 속에는 끊임없이 부활이 거짓이라고 말하는 수많은 도전이 있었다.

그중에 몇 가지를 살펴보면, 먼저 '거짓설(The falsehood theory)'이다. '도난설', '허위설'이라고도 한다. 이 주장은 마태복음 28장이 배경이다. 예수님의 시체가 감쪽같이 사라지자 대제사장들과 장로들이 경비병들에게 돈을 많이 주고 "제자들이 밤에 와서 우리가 잘 때에 그를 도둑질하여 갔다 하라"라고 거짓말을 하게 만드는 장면이다. 이것이 유대인들 사이에서 퍼져서 진실처럼 되어 버린 것이다.

또 '기절설(The swoon theory)'도 있다. 예수님이 십자가 위에서 죽으신 것이 아니라 잠깐 기절을 하셨다는 것이다. 그래서 '서늘한 무덤에서 쉬시는 동안 회복이 되어 깨어나셨을 뿐'이라는 주장이다.

'환상설(The vision theory)'은 제자들이 예수님을 너무 그리워한 나머지 환상을 보았다는 주장이다. 이 모든 주장은 하나같이 증거가 부족하거나 아예 없는 음모에 불과하다.

2. 다시 사심의 증거

부활을 증명할 방법이 있을까? 사람이 죽었다가 다시 살아나는 것은 기적 중의 기적이다. 그래서 믿기가 쉽지 않다. 하지만 진짜 일어났었던 사건이라면 증거가 있기 마련이다. 사실 앞에서 살펴본 주장들보다 우리가 믿는 '부활설'이 훨씬 더 많은 역사적, 상식적, 정황적 증거들을 가지고 있다고 할 수 있다. 오히려 부활을 믿지 않는 것이 더 기적이라고 볼 수 있을 정도로 그 증거가 많다.

1) 정황상의 증거

첫 번째 증거는 정황상의 증거이다. 만약 예수님이 기절하셨다가 살아나셨다면, 예수님을 창으로 찔러, 죽은 것을 확인한 군병들이 동의할까? 하지 않을 것이다. 그들은 사형 집행 전문가들이었다. 의학적으로도, 옆구리를 찌르자 피와 물이 나왔다는 기록은(요 19:34) 피가 혈전과 혈청으로 분리되었다는 뜻이고, 이는 죽었을 때 나타나는 현상이라고 한다.

2) 많은 목격자

두 번째 증거는 많은 목격자이다. "게바에게 보이시고 후에 열두 제자에게와 그 후에 오백여 형제에게 일시에 보이셨나니 그중에 지금까지 대다수는 살아 있고 어떤 사람은 잠들었으며 그 후에 야고보에게 보이셨으며 그 후에 모든 사도에게와 맨 나중에 만삭되지 못하여 난 자 같은 내게도 보이셨느니라"(고전 15:5-8). 다시 사신 주님은 한 달 넘는 기간 동안 열두 제자와 오백여 형제에게, 여자들과 남자들에게, 사적으로 공적으로, 예루살렘과 갈릴리에서, 개인적으로 집단적으로 나타나셨고, 그분과 실제로 대화를 나누었다고 주장하는 사람들도 허다했다. 이들이 똑같은 환상을 본 것일까? 정신 의학적으로 집단 환상은 불가능하다고 한다.

고린도전서의 집필 시기가 A.D. 55년경이므로 부활 사건으로부터 약 22년 뒤이다. 만약 부활 사건이 거짓이었다면, 그 기간 동안 수백 명의 사람 중 한 명이라도 양심선언을 하는 이가 나오지 않았겠는가? 하지만 단 한 명도 부활이 거짓이라고 말하지 않았다.

3) 제자들의 변화

세 번째 증거는 제자들의 변화이다. 이 모습은 부활이 아니고는 설명이 잘 안 된다. 예수님이 잡히시던 날 밤, 베드로는 예수님을 세 번이나 부인했고, 제자들은 모두 도망을 갔다. 예수님이 돌아가신 후, 도마는 예수님을 눈으로 보지 않으면 부활을 믿을 수 없다고 소리쳤고, 요한은 빈 무덤을 확인하고도 겁에 질려 숨어 버렸다.

하지만 예수님의 부활을 목격하고 얼마 뒤 성령의 충만함을 입은 제자들은 완전히 변화된다. 죽을까 봐 두려워서 도망갔던 그들이 '십자가에서 죽으시고, 부활하신 예수가 구원자이다'라는 사실을 전하는 데 목숨을 건다. 만약 제자들이 예수님의 시체를 숨겨

놓고 부활했다고 거짓말했다면, 그토록 혹독한 고문을 견뎌 낼 수 있었을까? 그렇게 고생하며 평생 복음을 전했을까? 세상에 어떤 철학과 사상이 사람을 이렇게 바꾸어 놓을 수 있겠는가? 부활로 증명된 구원의 진리와 예수님의 사랑이 이들을 완전히 바꾸어 놓았다.

4) 나 자신

마지막 증거가 하나 더 있다. 바로 나 자신이다. 부활은 이천 년 전에 일어났던 일이다. 나는 예수님과 혈연, 지연, 학연, 그 어떤 관계도 아니다. 하지만 나는 하나님께서 살아 계시고, 예수님이 나를 위해 죽으셨고 부활하셨음을 믿는다. 이 부활이 언젠가는 나의 것이 될 것이고, 주님과 영원히 함께할 것을 믿는다. 이 예수를 전하는 일을 위해 한 번뿐인 인생의 방향을 수정했고, 지금까지 후회하지 않는다. 힘들지 않거나, 고달프지 않아서가 아니다. 이 길이 내 생명과 내 인생을 걸어도 아깝지 않을 만큼 귀한 일이라고 생각하기 때문이다. 예수의 십자가로 내 죄가 용서받았고, 예수의 부활로 나도 영생할 것을 믿기 때문이다. 부활은 진리이다. 세상에는 이처럼, 이토록 많은 사람을, 이토록 오랜 시간 동안, 이토록 값진 인생으로 바꿔 주는 진리가 존재하지 않는다. 그러면 부활이란 과연 어떤 의미이기에 사람들을 이렇게 변화시키는 것일까?

3. 다시 살아나심의 의미

1) 구원 얻음의 조건

첫째, 주님의 부활을 믿는 것이 구원 얻음의 조건이다. "네가 만일 네 입으로 예수를 주로 시인하며 또 하나님께서 그를 죽은 자 가운데서 살리신 것을 네 마음에 믿으면 구원을 받으리라"(롬 10:9). 구원을 얻을 때 필요한 조건이 두 가지 있다. 예수님을 주로 시인하는 것이고, 예수님이 부활하신 것을 믿는 것이다. 구원은 십자가에서의 죽음과 부활을 믿어야 얻을 수 있다. 다른 구절도 살펴보자. "예수는 우리가 범죄한 것 때문에 내줌이 되고 또한 우리를 의롭다 하시기 위하여 살아나셨느니라"(롬 4:25). 죄를 용서하시는 십자가와 의롭다 하시는 부활을 믿어야 구원을 얻을 수 있다고 설명한다.

현대 그리스도인들은 부활보다는 십자가에 더 많은 의미를 부여하는 것 같다. 십자가로 죄 용서받은 것에만 심취해서 사는 경향이 있다. 하지만 성경은 십자가에서 죄 용서를 받은 신앙은 반드시 부활 신앙으로 이어져야 한다고 말한다. 십자가 신앙이 감격과 감사의 삶을 촉발한다면, 부활 신앙은 인내와 소망을 촉발한다. 주님의 부활이 나를 의롭게 하고, 넘어져도 일어설 수 있게 한다. 그래서 부활을 믿음으로써 사는 것은 구원 얻은 사람의 삶의 방식이면서, 구원 얻음의 조건이 될 수 있는 것이다.

2) 우리 부활의 보증

두 번째, 주님의 부활은 우리도 부활할 것을 보증한다. "그러나 이제 그리스도께서 죽은 자 가운데서 다시 살아나사 잠자는 자들의 첫 열매가 되셨도다"(고전 15:20). 여기서 '첫 열매'가 무슨 뜻일까? 이스라엘 절기 중에는 유월절 후 첫 안식일 다음 날인 '첫 이삭을 드리는 날'이 있다. 예수님은 절기상 유월절에 돌아가셨다. 그리고 안식 후 첫날, 즉 유월절 후 첫 안식일 다음 날인, 첫 이삭을 드리는 날, 첫 번째 수확물을 드리는 맥추 절기에 부활하셨다. 그다음에 일 년의 마지막 수확물을 곳간에 들이는 수장절이 이어진다. 수장절은 장차 우리가 하나님의 곳간에 추수 열매로 들어갈 것을 상징하는 절기이다. 그러므로 주님이 첫 열매라는 말은 첫 수확물이 되셨다는 뜻이고, 우리가 두 번째, 세 번째 부활의 열매가 될 것이라는 뜻이다.

예수님의 부활이 언젠가 우리가 부활하여 하나님께 드려질 열매가 될 것을 보증한다는 말은 이 땅에서의 삶이 전부가 아니라는 뜻이다. 이 땅에서 예수님의 도우심으로 잘 먹고 잘사는 것이 신앙의 전부는 아니다. 교회를 좀먹고 있는 기복주의, 성공신학, 신비주의 등은 다 부활 신앙을 터부시하기 때문에 생겨난 것들이다. 진짜 삶은 다음 세상이다. 이 부활 신앙이 있을 때 우리는 이 땅에서의 암담하고 절망스러운 상황을 견딜 수 있다. 이 땅에서의 삶은 부활의 삶을 위해 주님의 십자가와 같은 고난의 삶을 흉내 내고, 연습하고, 실습하는 시간이다. 고난이 많은 사람은 소망도 큰 법이다. 그래서 아무리 이 땅의 고난이 크고 힘겨워도 부활의 소망으로 고난의 삶을 감내할 힘을 갖게 되는 것이다.

3) 교회의 존재 이유

세 번째, 부활은 교회의 존재 이유가 된다. 지난 이천 년 동안 세상은 갖은 핍박으로 교회를 말살하려 했다. 사탄은 하나님의 백성에게서 말씀을 빼앗고, 세속주의와 물질주의, 기복주의에 물들게 해서 교회를 초토화하려고 했다. 하지만 교회는 망하지 않았다. 오히려 핍박이 심해지면 심해질수록 더욱 순결해졌고, 더욱 성숙해졌고, 더욱 뜨거워졌다.

왜 그럴까? 그 이유는 그리스도께서 살아 계시기 때문이다. 주가 교회의 머리이시고, 교회가 그의 몸이기 때문이다. "그는 몸인 교회의 머리시라 그가 근본이시요 죽은 자들 가운데서 먼저 나신 이시니 이는 친히 만물의 으뜸이 되려 하심이요"(골 1:18). 교인들의 열심 때문이 아니다. 주께서 교회와 함께하시기 때문이다. 주님이 살아 역사하시는 이상 교회는 죽지 않는다. 이것이 부활 신앙이다.

4. 부활을 믿고 사는 삶이란?

1) 위의 것을 찾는 삶

첫째, 위의 것을 찾는 삶이다. "그러므로 너희가 그리스도와 함께 다시 살리심을 받았으면 위의 것을 찾으라 거기는 그리스도께서 하나님 우편에 앉아 계시느니라 위의 것을 생각하고 땅의 것을 생각하지 말라"(골 3:1, 2). 여기서 '위의 것'이란 장차 그리스도와 함께 영원한 생명에 들어갈 것을 가리킨다. 이것을 '찾으라'고 골로새서는 조언한다. 헬라어에서 이 단어는 마치 잃어버린 아이를 찾는 것처럼 애타게 찾으라는 뜻이다. 그리스도와 연합한 성도는 더 이상 땅의 것에 연연해하지 말고 위의 것을 추구해야 한다. 부활 신앙이란 삶의 방향이 이 땅이 아니라 하늘로 향해 있는 것이다. 그럴 때 땅의 것으로부터 자유로울 수 있다. 순서가 중요하다. 위의 것을 간절히 찾는 것이 우선되어야 한다. 그래야 땅의 것으로부터도 자유로워진다.

2) 드리는 삶

둘째, 자신을 하나님께 드리는 삶이다. "또한 너희 지체를 불의의 무기로 죄에게 내주지 말고 오직 너희 자신을 죽은 자 가운데서 다시 살아난 자같이 하나님께 드리며 너희 지체를 의의 무기로 하나님께 드리라"(롬 6:13). 여기서 '드리라(파리스테미)'는 '자신을 하나님의 처분에 맡기다'라는 뜻으로 이해하면 된다. 그래서 자신의 존재와 삶의 상태를 하나님께 제공하고 내맡기는 일종의 법적 용어이다. '지체(멜로스)'는 육체를 포함한 나의 모든 것이다. 내 생각, 힘, 언어생활, 의지, 식욕, 명예욕 등이 다 포함된다. 나의 모든 것을 하나님께 드리라는 말은 내 모든 것의 주인을 하나님으로 바꾸라는 뜻이다. 그래서 내 모든 것이 의로운 삶의 도구가 되도록 아예 하나님께 내맡기라는 뜻이다. 부활 신앙은 부활하신 예수님과 내가 온전히 하나가 되는 신앙이다. 예수님처럼 나도 자신을 하나님께 내드리는 삶이다.

'죽은 자 가운데서 다시 사셨음'을 믿는다는 고백은 더 이상 나 자신을 위해서, 죄를 위해서, 이 땅의 가치를 위해서 살지 않겠다는 결단이다. 그러므로 그리스도인은 고집을 부리며 인색하게 살 수 없다. 시간이 지날수록 사랑이 더 많아지고, 너그러워지고, 많은 사람과 더 화목하게 지내게 된다.

세상은 이천 년이 넘도록 예수님의 부활을 부인해 왔다. 부활 신앙을 믿으며 살아가는 우리도 그처럼 부인당한다. 세상은 끊임없이 '이 땅이 전부이다. 죽으면 아무것도 없다. 살아 있을 때 부유하고, 건강하고, 출세하는 것이 최고이다'라고 유혹한다. 그렇지 않다. 예수님이 부활하셨듯이 내 인생의 결론도 부활이다. 그러니 세상에 취해서, 세상이 전부인 줄 알고 살면 안 된다. 예수님은 우리의 죄를 사해 주려고 십자가에서 죽으셨고, 영생을 선물해 주려고 부활하셨다. 이제는 우리도 주님처럼 이 땅에서 십자가의 삶을 실습하면서, 영생을 준비하는 삶을 살아야 한다.

5. 정리

예수님의 부활 사건은 역사적으로 수많은 도전을 받았지만 분명한 실제 사건이며 우리에게는 구원의 보증이 된다. 구원을 얻으려면 십자가 신앙과 더불어 반드시 부활 신앙도 있어야 한다. 예수님이 다시 살아나셨음을 믿는다는 고백은 주의 부활로 인해 우리가 의로워지며, 그리고 우리의 부활도 역사의 한 시점에 반드시 일어날 것을 믿는다는 것이다. 부활 신앙은 지금도 주님이 살아 계셔서 아무리 거친 핍박 속에서도 교회를 지키신다는 사실을 믿는 것이다.

   그러므로 부활을 믿고 살아가면 위의 것을 간절히 찾고 추구하는 방향으로 삶이 바뀐다. 그리고 이 땅의 것이 전부인 양 집착하지 않는다. 그리고 하나님을 내 모든 것의 주인 삼고, 의로운 삶의 도구가 되어 살아간다. 이 땅의 삶이 힘들고 어려워도 주님이 지신 십자가의 삶을 우리도 살아가는 시간임을 기억하고, 부활 신앙으로 영생을 준비해 가는 것이다.

◆ **말씀으로 믿음의 뼈대 세우기**

1. 주께서 부활하지 않으셨으면 우리의 ☐☐은 헛것이 된다.
   - 고전 15:17
2. 부활하신 주님은 ☐☐여 형제에게 일시에 나타나셨다.
   - 고전 15:5-8
3. 하나님께서 예수님을 죽은 자 가운데서 살리신 것을 믿으면 ☐☐받는다. - 롬 10:9
4. 예수님은 우리를 ☐☐☐ 하시려고 다시 살아나셨다.
   - 롬 4:25
5. 주님의 부활은 우리의 부활을 확증하는 첫 ☐☐이다.
   - 고전 15:20
6. 죽은 자들 가운데 먼저 부활하신 주님이 교회의 ☐☐이시다. - 골 1:18
7. 부활을 믿는 자는 ☐☐ 것을 찾아야 한다. - 골 3:1, 2
8. 부활 신앙을 가진 자는 자신을 ☐☐☐께 드리며 살아야 한다. - 롬 6:13
9. 주님의 부활은 우리를 산 ☐☐ 가운데 살게 한다. - 벧전 1:3
10. 부활에 참여하는 자들은 복이 있고 ☐☐하다. - 계 20:6

구원 믿음 거룩 머리 하나님 열매 소망 오백 의롭게 위의

◆ 나눔으로 신앙의 뼈대 세우기

"죽은 자 가운데서 다시 살아나시며"

❖ **다가서기**

예수님의 부활이 당신에게는 어떤 의미인가? 가장 기억에 남는 부활절은 언제인가? 그 이유는 무엇인가?

❖ **깊이 보기**

1. 부활은 기독교 신앙의 핵심 중의 핵심이다(고전 15:17). 이 진리를 무너뜨리려는 다양한 도전들의 약점이 무엇인지 정리해 보라.

    1) 거짓설(The falsehood theory)
    2) 기절설(The swoon theory)
    3) 환상설(The vision theory)

2. 예수님의 부활에는 많은 증거가 있다. 각각의 증거들이 왜 증거가 될 수 있는지 자신의 생각을 나누어 보라.

    1) 부활하신 주님을 목격한 수많은 사람들(고전 15:5-8)
    2) 제자들의 변화(행 2:14 이후)
    3) 나 자신

3. 세상 사람들은 왜 부활을 믿지 못할까? 우리는 그들에게 부활에 대해 어떻게 설명해 주어야 할까?

4. 성경이 설명하는 부활 신앙이 무엇인지 다음 구절을 참고하여 답하라.
   1) ☐☐ 얻음의 조건 – 롬 4:25; 롬 10:9
   2) 우리도 ☐☐ 할 것의 보증 – 고전 15:20
   3) 교회의 ☐☐ 이유 – 골 1:18

5. 부활 신앙을 믿는 사람은 어떻게 살아야 하는가?
   1) 골 3:1, 2
   2) 롬 6:13

6. 당신에게는 부활 신앙이 정말로 있는가? 당신의 삶을 돌아보면서 진솔하게 나누어 보라.

내가 생각하는 부활 신앙은 무엇인지 한 문장으로 발표하고, 부활 신앙을 가지고 살기 위해서 구체적으로 실천할 것은 무엇인지 작정하여 발표해 보라.

❖ **다짐하기**

제 9 강

승천

"하늘에 오르사 전능하신 하나님 우편에 앉아 계시다가"

예수님은 부활하신 후, 제자들이 보는 가운데 원래 계셨던 하늘로 올라가셨다. 즉 '승천(昇天, Ascension)'하셨다. 성육신 전에는 예수님의 '신성(Divine nature)'만 하늘에 계셨고, 구속 사역을 이루시고는 타락 전 인간의 모습과 같이 온전해진 '인성(Human nature)'으로 하늘에 오르신 것이다. 그렇기 때문에 여기서 승천은 육체가 함께 가신 공간적, 장소적 이동(Local transition)이다. 하지만 천국은 우리가 보는 저 3차원의 하늘이 아니다. 그렇다고 마음의 상태나 생각 속에 존재하는 것도 아니다. 천국은 예수님이 승천하셔서 지금도 실제로 살고 계신 다른 차원의 공간이다. 예수님의 승천은 우리에게 어떤 의미일까? 모든 사역을 다 마치고 집으로 돌아가신, 컴백홈의 의미일까? 여기에는 우리가 생각지도 못한 귀한 은혜가 숨어 있다.

1. 승천하신 이유

1) 완성될 구원의 인증

첫째, 우리 구원의 완성을 인증해 주시기 위해서다. "염소와 송아지의 피로 하지 아니하고 오직 자기의 피로 영원한 속죄를 이루사 단번에 성소에 들어가셨느니라"(히 9:12). 승천은 예수님이 희생 제물이 되셔서 제사를 온전히 이루시고, 동시에 대제사장이 되셔서 성소에 들어가신 것과 같다. 구약 시대 때는 일 년에 한 번 대속죄일에 대제사장이 희생 제물의 피를 가지고 지성소로 들어가서 별일 없이 제사 의식을 마치면, 이스라엘의 모든 희생 제사가 하나님께 열납된 것으로 여겼다. 예수님의 승천은 바로 이 희생 제사의 완성을 상징한다. 희생 제사의 성공적인 완성은 우리가 죄를 용서받고 심판으로부터 구원되었음을 의미한다. 예수님의 구속 사역으로 우리의 구원 사역이 완성되었다.

하지만 최종적 구원이 온전히 완성된 것은 아니다. 마치 하나님 나라가 이미 이 땅 가운데 임했지만 아직 완성되지 않은 것처럼 말이다. 그래서 '시작된 종말론(Inaugurated eschatology)'이라고 부른다. 예수님의 승천은 비록 우리의 구원이 '이미(Already)'와 '아직(Not yet)' 사이에 있지만, 기필코 완성될 것을 인증하는 사건이다.

2) 성령을 보내심

둘째, 성령을 보내 주시기 위해서다. "그러나 내가 너희에게 실상을 말하노니 내가 떠나가는 것이 너희에게 유익이라 내가 떠나가지 아니하면 보혜사가 너희에게로 오시지 아니할 것이요 가면 내가 그를 너희에게로 보내리니"(요 16:7). 주님은 자신이 떠나는 것이 우리에게 유익이라고 말씀하신다. 주님이 좀 더 함께 계시면서 부활을 간증하시고, 전도 여행도 다니셨으면 더 대단한 일이 일어났을 텐데 말이다. 주님에게는 자신이 떠난 후 우리에게 성령을 보내실 계획이 있으셨다. 성령이 오시는 것이 왜 우리에게 유익일까? 주께서 육신으로 세상에 계실 때는 모두와 함께하실 수 없지만, 성령으로는 모두와 모든 시간, 모든 공간에서 함께하실 수 있기 때문이다.

성령은 예수님이 육신으로 계실 때와 같은 사역을 하러 오신 것이 아니다. "그는 진리의 영이라 세상은 능히 그를 받지 못하나니 이는 그를 보지도 못하고 알지도 못함이라 그러나 너희는 그를 아나니 그는 너희와 함께 거하심이요 또 너희 속에 계시겠음이라"(요 14:17). 주님은 보혜사 성령을 '진리의 영'이라고 소개하신다. 진리, 곧 말씀으로 예수님을 알게 하시고, 우리와 함께하심을 깨닫게 하시는 영이라는 뜻이다. 성령은 세상 사람들이 절대 깨닫지 못하는 예수님을 우리가 깨닫게 하시고, 영원히 우리와 함께하시는 사역을 하신다.

3) 우리의 승천을 보증

셋째, 우리도 승천하리라는 것을 보여 주시기 위해서다. 예수님의 승천 기사를 소개하는 사도행전 1장 6-11절에서는 '보다'라는 단어가 다섯 번이나 사용된다. 제자들에게 승천하시는 모습을 그대로 보여 주심으로써 제자들 스스로도 승천하게 되리라는 소망을 갖게 하신 것이다.

"주께서 호령과 천사장의 소리와 하나님의 나팔 소리로 친히 하늘로부터 강림하시리니 그리스도 안에서 죽은 자들이 먼저 일어나고 그 후에 우리 살아 남은 자들도 그들과 함께 구름 속으로 끌어 올려 공중에서 주를 영접하게 하시리니 그리하여 우리가 항상 주와 함께 있으리라"(살전 4:16, 17). 이 구절은 우리의 승천을 비교적 상세하게 설명한다. 여기서 '끌어 올려(하르파조)'는 '갑자기 끌어당기다'라는 뜻으로, '끌 휴(携)'와 '올릴 거(擧)'를 써서 '휴거'라고 부른다. 주께서 가신 그대로 우리도 데려감을 당하게 될 것이다.

"또 함께 일으키사 그리스도 예수 안에서 함께 하늘에 앉히시니"(엡 2:6). 결국, 우리도 주님이 계신 곳에 가게 될 것이다. 미래의 일이지만, 이 구절의 원문을 보면 '앉히시니'가 과거형으로 사용되어, 이미 우리를 앉히셨음을 표현한다. 너무나 확실한 사실임을 나타내는 표현법이다. 우리는 승천이 구체적으로 어떤 모습일지는 알 수 없지만, 성경이 부활과 승천에 대해 얼마나 확실하게 말하고 있는지는 알 수 있다. 이것만큼 큰 위로가 있을까?

2. 아버지 하나님 우편에 앉아 계신다

영어 사도신경에서는 주님이 승천하셔서 '전능하신 아버지 하나님 우편에 앉아 계신다(Sitteth on the right hand of God the Father Almighty)'고 표현한다. 예수님이 하늘에 오르시는 것은 많은 사람이 보았지만(행 1:9), 아버지 하나님 우편에 앉아 계신 것은 아무도 보지 못했다. 하지만 사도들은 성령의 감동으로 이 사실을 기록했다(마가, 바울, 히브리서 저자, 베드로 등). '하나님 우편'이란 오른쪽이라는 장소의 개념이 아니라 하나님의 통치를 상징한다. 예수님이 하나님께 통치권을 받아 세상과 교회를 다스리신다는 뜻이다.

영어 사도신경에 나오는 고백들은 다 과거와 미래에 대한 고백인데 유일하게 '앉아 계신다'만 현재형이다. 왜 그럴까? 히브리서 10장 11절을 보면 구약의 제사장들은 희생 제사를 드릴 때 서서 섬겨야 했다. "제사장마다 매일 서서 섬기며." 그래서 구약의 성막에는 의자가 없었다. 사도신경에서 대제사장이신 예수님이 보좌에 앉아 계신다는 표현은 이 희생 제사가 완전히 끝났음을 의미한다.

3. 보좌에서 하시는 일

1) 세상과 교회를 다스리심

예수님은 보좌에 '좌정(坐定)'하셔서 세상과 교회를 다스리는 일을 하신다. 루이스 벌코프(Louis Berkhof)는 "주님은 세상은 권능으로 다스리시고(권능의 통치, regnum potentiae), 교회는 은혜로 다스리신다(은혜의 통치, regnum gratiae)"라고 말했다.[13] 보좌에서 한 발은 세상에 두시고 원수를 밟고 세상을 권능으로 덮어 다스리시고, 한 발은 교회에 두시고 은혜로 덮어 다스리신다는 것이다. 다스리시는 방식이 다르다. 그러므로 교회에서는 세상의 방식이나 가치관을 획일적으로 적용하면 안 된다. 교회는 처음부터 끝까지 은혜가 지배하는 곳이 되어야 한다. 은혜를 알고, 은혜를 사모하고, 은혜로 사는 겸손한 사람이 섬기는 곳이 되어야 한다. 하나님 나라의 최고 법은 은혜이기 때문이다.

2) 중보하심

주님이 보좌에서 하시는 두 번째 일은 우리를 위해서 중보하시는 것이다. 주님은 이 땅에 계실 때에도 낮에는 사역하시고, 밤에는 산에 오르사 기도하셨다. 지금도 하늘에 오르사 우리를 위해 기도하신다.

성경은 주님이 기도하시는 내용을 이렇게 밝힌다. "누가 능히 하나님께서 택하신 자들을 고발하리요 의롭다 하신 이는 하나님이시니 누가 정죄하리요 죽으실 뿐 아니라 다시 살아나신 이는 그리스도 예수시니 그는 하나님 우편에 계신 자요 우리를 위하여 간구하시는 자시니라"(롬 8:33, 34). 주님은 그 누구도 우리를 고발하거나 정죄할 수 없도록 기도하신다. 우리가 끊지 못한 죄로 인해 이미 주님이 주신 구원을 잃어버리지 않도록 간구하시는 것이다.

어느 정도로 기도하실까? 겟세마네에서 땀이 핏방울처럼 떨어지듯이 기도하셨듯이 오늘도 그렇게 기도하신다. "웨스트민스터 대요리 문답" 55번을 보자. "그리스도께서는 어떻게 간구하십니까?" "그리스도께서는 다음과 같이 간구하십니다. 땅에서 행하신 자기의 순종과 희생의 공로로, 하늘에 계신 성부 하나님 앞에서, 계속해서 우리의 본성으로 나타나시며, 그 공로가 모든 신자들에게 적용되도록, 자기의 뜻을 선포하십니다. 그들에 대한 모든 고발들에 답하시며, 날마다의 실패에도 불구하고, 그들에게 양심의 평안을 주시며, 은혜의 보좌로 담대하게 나아가게 하시며, 그들 자신과 봉사를 받으십니다."

주님의 기도는 바로 주님의 뜻이다. 주님의 평생 기도 제목이 무엇인가? 바로 나이다. 내가 바로 주님의 뜻이다. 세상천지에 나를 위해 기도해 주는 사람이 한 명도 없을지라도 우리 주님은 오늘도 나를 위해 힘쓰고 애써 더욱 간절히 기도하고 계신다. 놀랍지 않은가?

4. 어떻게 살아야 하는가?

1) 담대하게 나아가라

"그러므로 우리는 긍휼하심을 받고 때를 따라 돕는 은혜를 얻기 위하여 은혜의 보좌 앞에 담대히 나아갈 것이니라"(히 4:16). 주님이 나를 위해 기도하고 계시므로 우리는 주님께 나아갈 수 있다. 주 앞에 나아가기만 해도 때를 따라 돕는 은혜를 풍성히 얻게 될 것이다. 주님은 은혜 아니고는 우리를 만나지 않겠다고 약속하셨다. "거기서 내가 너와 만나고 속죄소 위 곧 증거궤 위에 있는 두 그룹 사이에서 내가 이스라엘 자손을 위하여 네게 명령할 모든 일을 네게 이르리라"(출 25:22). 증거궤 덮개 위에서만 우리를 만나 주신단다. 그 덮개 이름이 '속죄소(The mercy seat, Atonement cover)'이다. 언약궤 안에 있는 율법을 은혜로 덮은 자리, 바로 그 은혜의 자리에서만 우리를 만나 주신다. 그러니 담대하게 주님께 나아오라는 말씀이다. 주님은 늘 이 은혜의 자리에서 우리를 기다리고 계신다.

2) 증인 된 삶을 살라

"오직 성령이 너희에게 임하시면 너희가 권능을 받고 예루살렘과 온 유대와 사마리아와 땅 끝까지 이르러 내 증인이 되리라 하시니라"(행 1:8). 우리에게 성령이 임하시면 권능을 받게 된다. 이 권능은 우리가 증인 된 삶을 살 수 있도록 해 준다. 권능이란 무엇일까? 바울은 빌립보서 4장 11-13절에서 모든 것에 자족하는 능력이 권능이라고 말한다. 승천하신 예수님이 가신 곳으로 우리도 가게 될 것을 깨달았기에 이 땅에서의 모든 상황에 자족하고 감사할 수 있다. 이 자족하는 능력, 권능을 잘 이해해야 한다. 우리가 사는 곳이 예루살렘이든, 유대든, 사마리아든, 땅끝이든, 예수께서 가신 천국을 바라보며, 예수를 드러내라고 현재의 삶에 자족하고, 감사하는 능력, 권능을 주시는 것이다.

그러니 성령의 권능은 기본적으로, 특별한 상황이나 특별한 사람에게 임하는, 병을 고치고, 신비한 체험을 하게 하는 사역의 권능, 능력이 아니다. 성령이 임하신 모든 사람에게 나타나는 권능은 '삶의 권능'이다. 이 땅에서의 삶이 비록 고달파도 천국을 바라보고 고난을 견디고 자족하는 능력, 권능인 것이다. 사자의 입을 막는 것도 능력이지만, 사자에게 잡아먹히는 순간에도 구원의 소망을 잃지 않는 것도 능력이다. 우리는 그렇게 이 세상에서 저 하늘에 계신 예수를 전하는 증인 된 삶을 살아야 한다.

3) 주님을 온 마음으로 흠모하라

"내 아버지 집에 거할 곳이 많도다 그렇지 않으면 너희에게 일렀으리라 내가 너희를 위하여 거처를 예비하러 가노니 가서 너희를 위하여 거처를 예비하면 내가 다시 와서 너희를 내게로 영접하여 나 있는 곳에 너희도 있게 하리라"(요 14:2, 3). 이 말씀은 유대인들의 결혼 제도를 예를 들어 우리의 구원을 설명하신 것이다.

유대인은 결혼 전에 약혼식과 비슷한 절차를 거친다. 그런데 우리의 약혼과 달리 법적 구속력이 있으므로 결혼식을 두 번 한다는 개념으로 생각하는 것이 더 맞을 것 같다.

먼저, 신랑의 가족들이 지참금을 준비하여 신부의 집으로 간다. 그리고 작은 연회를 여는데, 그 자리에서 신랑이 신부에게 포도주를 가득 부은 잔을 준다. 신부는 결혼할 의사가 있으면 사람들이 보는 앞에서 그 잔을 마신다. 그러면 사람들이 박수를 치고 기뻐한다. 허락을 받은 후 신랑은 신부에게 돌아올 때까지 자신을 기억하라는 의미로 선물을 주고 떠난다. 신랑은 그때부터 아버지 집 옆에 신방을 만들기 시작하고, 신부는 하얀 세마포 옷을 준비하며 신랑을 기다린다. 신랑이 언제 신부를 데리러 갈지는 신랑의 아버지가 정한다. 아버지는 아들이 신부를 데려올 준비가 끝났다고 판단되면 아들에게 신부를 데려오라고 시킨다. 이에 신랑이 신부를 데리고 와서 아버지 집에서 진짜 혼인 잔치를 벌인다.

우리의 구원 과정도 이와 같다. 신랑 예수님이 신부 될 우리에게 최후의 만찬에서 포도주를 마시게 하셨다. 그리고 아버지 집에 거처를 마련하러 가시면서, 자신을 기억하라고 성령을 선물로 보내 주셨다. 준비가 되면 우리를 데리러 온다고도 말씀하셨다. 예수님이 우리에게 주신 지참금은 바로 그분의 생명 값이었다. 주님은 정한 때가 되면 우리를 데리러 오시고, 하나님 아버지 집에서 종말의 혼인 잔치를 여실 것이다.

우리는 그분의 하나뿐인 정혼한 신부이다. 신랑 되신 예수님은 천국에서 우리의 거처와 혼인 잔치를 준비하고 계신다. 그런데 우리는 어떠한가? 자신의 생명을 아끼지 않으신, 우리만 사랑하시는 신랑이 우리와 영원히 함께할 집을 준비하고 계시는데, 신부인 우리는 이 땅에서 사는 것이 전부인 양 돈과 성공과 건강이라는 또 다른 신랑에게 마음을 빼앗겨 살고 있지는 않은가? 신랑이 있는 곳으로 가고 싶은 마음은 없고, 그저 신랑이 매달 보내 주는 생활비에만 관심을 두고 있지는 않은가? 성경에서는 이런 삶을 영적 간음이라고 한다. 우리는 죽기까지 우리만을 사랑하신 예수 그리스도께서 계신 곳을 흠모해야 하고, 그분만을 그리워해야 한다. 그렇게 그 혼인 잔칫날을 기다리며 이 땅의 어려움을 참고, 견디며 살아가야 한다.

5. 정리

주님의 승천은 사역을 다 마치고 쉬러 가신 사건이 아니다. 법적으로 우리의 구원이 완성되었고, 우리도 언젠가는 주님이 계신 곳으로 올라갈 것을 미리 보여 주신 사건이다. 예수님이 하나님 우편에 앉아 계심을 믿는다는 고백은 지금도 세상과 교회를 권능과 은혜로 다스리시며, 세상의 어떤 것도 우리를 정죄하지 못하도록 우리를 위해서 중보하고 계심을 믿는다는 내용이다. 이것이 우리의 신앙 고백이다.

그러므로 우리는 어떻게 살아가야 하는가? 은혜의 보좌 앞으로 담대히 나아가야 한다. 천국을 소망함으로 이 땅의 어려움에도 감사하며 자족하면서 살아갈 수 있는 성령의 권능을 의지하고 살아야 한다. 이 권능으로 그리스도를 전하며 살아야 한다. 그리고 우리를 사랑하시고, 우리밖에 모르시는 참신랑이 되신 주님만을 기다려야 한다. 더 이상 영적으로 간음하지 말자. 이 땅의 어려움을 씩씩하게 이겨 나가는 참신부의 모습으로 살자.

◆ 말씀으로 믿음의 뼈대 세우기

1. 예수님의 승천은 속죄 제사를 완성하시고 하늘의 ☐☐에 들어가셨음을 의미한다. - 히 9:12
2. 주님이 승천하신 것이 우리에게 유익한 이유는 ☐☐을 보내실 것이기 때문이다. - 요 16:7
3. 주님은 승천하신 그대로 다시 ☐☐ 것이다. - 행 1:11
4. 주님이 다시 오실 때 살아 있는 자들은 공중에서 주를 ☐☐ 하게 된다. - 살전 4:16, 17
5. 주님은 언젠가 우리도 ☐☐에 앉히실 것이다. - 엡 2:6
6. 주님은 지금도 하나님 보좌 우편에서 우리를 위해서 ☐☐ 하신다. - 롬 8:33, 34
7. 주님의 중보 덕분에 우리가 ☐☐의 보좌 앞에 담대히 나아갈 수 있다. - 히 4:16
8. 주님은 우리를 속죄소 위에서만 ☐☐ 주신다. - 출 25:22
9. 주님이 승천하신 후 보내 주신 성령에 힘입어 우리는 ☐☐ 된 삶을 살아야 한다. - 행 1:8
10. 주님은 우리를 위해 ☐☐를 예비하러 가셨다. - 요 14:2, 3

하늘 성소 증인 은혜 영접 거처 성령 만나 오실 간구

◆ 나눔으로 신앙의 뼈대 세우기

"하늘에 오르사 전능하신 하나님 우편에 앉아 계시다가"

❖ **다가서기**

: 당신은 지금 예수님이 계신 곳이 어떤 곳이라고 상상하는가? 그 이유는 무엇인가?

❖ **깊이 보기**

1. 예수님의 승천이 우리에게 어떤 의미인지 말씀을 통해 정리해 보라.

   1) 히 9:12 – 완성될 □□을 인증하심
   2) 요 16:7 – □□을 보내 주시기 위해서
   3) 요 14:2, 3 – 우리도 □□할 것을 보여 주시기 위해서

2. 예수님의 승천에 대해서 당신이 아는 대로 지체들에게 설명해 보라.

3. '전능하신 하나님 우편에 앉아 계시다가'에서 '우편'과 '앉아 계시다'의 뜻이 무엇인지 자신의 말로 설명해 보라.

4. 예수님은 하나님의 보좌 우편에 좌정하셔서 무슨 일을 하시는가?
    1) 세상과 교회를 □□리신다.
    2) 우리를 위해서 □□하신다(롬 8:33, 34).

5. 당신은 이 사실을 믿는가? 그렇지 못하다면 그 이유는 무엇인가?

6. 예수님이 승천하셨음을 믿는다면 우리는 이 땅에서 어떻게 살아야 하는가?
    1) 히 4:16 – □□하게 그분께 나아가야 한다.
    2) 행 1:8 – □□된 삶을 살아야 한다.
    3) 요 14:2, 3 – 주님을 온 마음으로 □□해야 한다.

7. 예수님이 승천하신 것이 나의 신앙생활에 어떤 영향을 미치는가? 가장 큰 영향을 한 가지만 나누어 보라.

기도하는 삶   증거하는 삶   흠모하는 삶

❖ **다짐하기**

참신랑이신 주님 앞에서 우리가 참신부 된 자로 살아가려면 어떻게 해야 하는지 구체적으로 계획을 세우고 실천하라.

제10강

심판

"저리로서 산 자와 죽은 자를 심판하러 오시리라"

　기독교의 역사관은 '직선사관(直線史觀)'이다. 창조와 타락, 구속과 재림의 과정을 가지고 앞을 향해 나아간다. 윤회 사상으로 대표되는 '순환사관(循環史觀)'을 가진 타 종교와는 다른 관점이다. 기독교에서 역사는 심판을 향해 전진한다. 주님이 재림해서 심판하심으로써 역사가 완성된다고 보는 종말론적 역사관이다. 기독교의 역사관은 이처럼 분명한 목적과 방향성이 있다.

1. 반드시 실현될 재림

'저리로서 산 자와 죽은 자를 심판하러 오시리라'라는 문구는 예수님의 재림을 믿는다는 고백이다. 성경에는 '재림'이라는 단어가 나오지 않고, '강림(고전 15:23)', '나타나심(살후 1:7)', '드러나심(고전 1:7)', '오심(마 16:27)' 등으로 표현된다. 구약에서는 주님의 초림과 재림을 다 '여호와의 날'이라고 표현하여, 두 사건을 거의 하나의 사건으로 본다. 초림과 재림 사이의 기간이 얼마나 걸리느냐에 상관없이 재림은 반드시 실현된다는 메시지가 담겨 있는 것이다. 성경은 재림이 일어날지 안 일어날지, 혹은 어떤 의미일지를 논하지 않는다. 기정사실로 간주하고 재림을 역사와 사건으로 논한다.

박형룡 박사는 그의 책에서, 신약에는 재림에 관한 말씀이 318번이나 나온다고 밝힌다. 25절마다 한 번씩 '주님은 다시 오신다'라고 말하고 있는 셈이다. 구약에서 456번 예언한 초림이 실현되었던 것처럼 재림도 반드시 실현될 사건이라는 것이다.[14] 구약이 오실 구세주 예수에 대한 내용이었다면, 신약은 다시 오실 심판주 예수에 대한 내용이다.

2. 재림 방식

한글 사도신경에서는 재림을 '저리로서 오시리라'라고 표현한다. '저리로서'는 목적지가 아니라 '거기로부터'라는 출발지를 뜻한다.

거기가 어디일까? 하나님의 보좌 우편이다. 세상을 다스리고, 우리를 위해 중보하고, 거처를 준비하고 계시던 바로 그곳으로부터 오시는 것이다.

신약 성경은 진짜 주의 재림인지 아닌지 구별할 수 있는 몇 가지 힌트를 준다. 첫째, 친히 오신다. 환상으로 임하시거나 대리자가 오는 것이 아니라는 뜻이다. 둘째, 모든 사람이 볼 수 있게 단 한 번만 오신다(마 24:27). 몇몇 사람만 아는 비밀스러운 방식으로 오시지 않는다는 뜻이다. 셋째, 승천하실 때의 그 몸을 그대로 가지고 오신다(행 1:11). 넷째, 큰 영광 가운데 오신다(마 24:30). 이러한 방식에서 하나라도 어긋난다면 그것은 주의 재림이 아니다. 자신을 재림 주라고 칭하며 사역하는 사람들이 있다. 그들은 하나같이 다 비밀리에 재림했다고 주장한다. 이는 성경의 힌트와 맞지 않는다. 그리고 강연하러 돌아다니지도 않으실 것이다. 재림의 가장 중요한 목적은 '산 자와 죽은 자를 심판'하시는 일이다.

주님은 오셔서 모든 사람을 심판대 앞에 세우실 것이다. 그리고 각 사람의 믿음과 행위가 드러나게 하실 것이다. 주님을 믿지 않았던 자들은 그 자리에서 징벌을 받게 된다. 믿는 자들은 어떻게 될까? "웨스트민스터 대요리 문답" 90번을 보자. "심판 날에 의인들에게는 무슨 일이 일어날 것입니까?" "심판 날에 의인들은 구름으로 그리스도에게로 끌어 올려져 그분의 오른쪽에 세워질 것이고, 거기서 공개적으로 인정을 받고 무죄선고를 받으며, 그리스도와 함께 버림받은 천사들과 사람들을 심판할 것입니다. 그리고 하늘로 영접되어 모든 죄와 비참으로부터 완전히 그리고 영원히 자유하게 될 것이며,

셀 수 없이 많은 성도들과 거룩한 천사들의 무리 가운데서, 특히 성부 하나님과 우리 주 예수 그리스도와 성령을 영원토록 직접 보고 즐기면서, 상상할 수 없는 기쁨으로 충만하게 될 것이며, 몸과 영혼 둘 다 완전히 거룩하고 행복하게 될 것입니다. 이것이 보이지 않는 교회의 회원들이 부활과 심판 날에 그리스도와 함께 영광 중에 누릴 완전하고 충만한 교제입니다."

3. 재림 목적

주님은 왜 재림하시는 것일까? 산 자와 죽은 자를 심판하시기 위해서다. 정확하게 말하면, 예수께서 오실 때에 살아 있거나 혹은 죽은 자들, 즉 모든 사람을 심판하시는 것이 목적이다. "바다가 그 가운데에서 죽은 자들을 내주고 또 사망과 음부도 그 가운데서 죽은 자들을 내주매 각 사람이 자기의 행위대로 심판을 받고"(계 20:13). 주님이 모든 사람을 믿음에 근거하여 의인과 악인으로 구분하신다. 의인으로의 초대에 믿음으로 응한 자는 천국에, 믿지 않음으로 응하지 않은 자는 지옥에 가게 된다.

이 심판은 완전한 심판이다. 악과 선이 혼재한 상황에서 악을 섬멸하시는 심판이다. 하지만 악을 섬멸하는 것만으로는 완전한 심판이 될 수 없다. 악으로 인해 상한 자들이 회복되어야 한다. 그러므로 주님은 악을 완전히 없애고 의인을 완전하게 회복하는 심판을 베푸실 것이다. 자제력을 잃은 분노의 심판이 아니다. 구주의 사랑과 공의가 드러나는 온전하고 공의로운, 어디에도 치우치지 않은 심판이다.

4. 재림 시기

주님이 언제 다시 오실지는 오직 하나님 아버지만 아신다(마 24:36). 하지만 재림의 징조는 알 수 있다. 주님은 그 징조를 크게 네 가지로 말씀하셨다. 첫째, 적그리스도와 거짓 선지자들이 출현한다(요일 2:18). 둘째, 전쟁과 자연재해의 소식이 들리고, 셋째, 성도들이 고난을 당하고, 넷째, 복음이 만국에 전파된다(막 13:10).

하지만 이 징조들은 이미 초림 이후부터 계속해서 있어 왔다. 누군가는 지금까지 삼천 년의 역사 동안 공식적인 전쟁만 33,000번 이상이었다고 주장한다. 그렇게 보면 전쟁이 일어났다는 소문은 별것 아닌 것 같다. 복음이 만국에 전파된 것도 사도들의 관점에서는 이미 성취된 것이었다. 예수님이 땅끝까지 복음을 전하라고 하셨을 때 당시 땅끝은 지금의 에티오피아와 유럽, 인도였다. 빌립이 에티오피아 내시에게 복음을 전했고, 바울이 유럽, 도마가 인도까지 가서 복음을 전했다. 그러니까 사도 시대에 이미 땅끝까지 복음이 전해진 것이다. 오늘날 우리가 미전도 종족에게 복음을 다 전하면 주님이 오시는가 하는 문제는 다른 차원이다. 복음을 열심히 전해야 하는 것은 맞지만, 그렇게 한다고 해서 주님의 재림을 앞당길 수는 없다는 뜻이다.

그렇다면 주님은 왜 이런 가늠할 수 없는 징조를 가지고 재림의 때를 말씀하셨을까? 재림에 있어서 중요한 것은 시기가 아니라 이를 기다리는 자세임을 알려 주시기 위해서다.

성경에서는 재림을 때가 차는 개념으로 설명한다. 첫째, 누구도 부인하지 못할 정도로 불의와 악의 양이 가득 차는 때이다. 둘째, 그리스도의 남은 고난, 즉 그리스도인들이 이 땅에서 받게 되는 고난이 차는 때이다. 셋째, 택함을 받은 마지막 사람이 거듭나게 되는 때이다. 그때 주님이 재림하실 것이다. 그러면 왜 재림이 지연되는 것일까? "주의 약속은 어떤 이들이 더디다고 생각하는 것같이 더딘 것이 아니라 오직 주께서는 너희를 대하여 오래 참으사 아무도 멸망하지 아니하고 다 회개하기에 이르기를 원하시느니라"(벧후 3:9). 지연되는 것이 아니라 주님이 오래 참고 계신 것이다. 주님의 재림은 하루도 늦거나 하루도 빠르지 않게 하나님의 때에 임할 것이다.

5. 어떻게 재림을 준비해야 하는가?

주님은 재림 때 취해야 할 우리의 자세를 여러 비유를 통해 말씀하셨다. 그중에 열 처녀, 달란트, 밭에서 일하는 두 사람, 양과 염소의 비유가 대표적이다.

열 처녀 비유는 신랑을 맞는 기쁜 일(재림)도 준비하지 않으면 참여할 수 없다고 교훈한다.

달란트 비유는 받은 달란트를 땅에 파묻지 말고, 주의 재림 때까지 부지런히 일하여 이익을 남기는 삶을 살라고 교훈한다.

밭에서 일하는 두 사람의 비유는 어떤 교훈일까? 마태복음 24장 40-42절을 보자. "그때에 두 사람이 밭에 있으매 한 사람은 데려가고 한 사람은 버려둠을 당할 것이요 두 여자가 맷돌질을 하고 있으매 한 사람은 데려가고 한 사람은 버려둠을 당할 것이니라 그러므로 깨어 있으라 어느 날에 너희 주가 임할는지 너희가 알지 못함이니라." 데려감을 당한 사람들은 무엇을 하고 있었는가? 예배드리거나 기도하는 중이 아니었다. 버려둠을 당한 사람들과 똑같이 밭을 갈거나 맷돌질을 하고 있었다. 즉 재림은 도둑처럼 임할 것이기에 정확히 언제 임할지 알 수가 없다. 그렇기 때문에 깨어 있어야 한다는 말이다.

하지만 밭에서 일하는 두 사람의 비유에는 이보다 더 중요한 교훈이 숨어 있다. 마태복음 24장 36절부터 보면, 종말의 때에 세상 사람들은 홍수가 임하기 전 노아의 때와 마찬가지로 "먹고 마시고 장가들고 시집가고" 있었다. 노아 역시 세상 사람들과 똑같이 먹고 마시는 일상의 삶을 살았을 것이다. 하지만 목적이 달랐다. 세상 사람들은 먹고 마시는 것이 삶의 목적이었지만 노아는 방주를 지으라는 하나님의 명령에 순종하기 위해 먹고 마셨다. 밭에서 일하는 사람의 비유는 종말을 준비하는 사람은 삶의 목적부터 달라져야 한다는 교훈을 준다. 이것이 깨어 있는 삶이고, 하나님의 말씀에 순종하는 삶이다.

마태복음 25장 31-46절에서는, 종말에 주님이 사람들을 양과 염소로 구분하신다. 그래서 누군가는 영벌에, 누군가는 영생에 들어가게 하신다. 형제가 주리고, 목마르고, 헐벗고, 병들었을 때 잘 도와주었는지가 영벌과 영생을 나누는 기준인 것처럼 보인다. 행위에 따라 영생을 받을 수 있는 것일까? 아니라면 이 비유는 무슨 뜻일까? 이 비유를 잘 들여다보면, 동일한 행위에 대한 실행 여부를 따라 양들은 칭찬을 받고, 염소들은 책망을 받는다. 특이한 것은 두 쪽 다 자기들이 행한 것을 기억하지도 못하고 있다는 점이다. 즉 영벌과 영생의 기준은 행위가 아니라 양과 염소라는 정체성에 있다는 말이다. 영생을 받을 이들의 행실은 상급의 이유가 되고, 영벌을 받을 이들의 행실은 형벌의 이유가 되더라는 것이다. 즉 법이 다르게 적용되고 있다.

이것을 요한계시록 20장 12절에서는 이렇게 설명한다. "또 내가 보니 죽은 자들이 큰 자나 작은 자나 그 보좌 앞에 서 있는데 책들이 펴 있고 또 다른 책이 펴졌으니 곧 생명책이라 죽은 자들이 자기 행위를 따라 책들에 기록된 대로 심판을 받으니." 심판 때에 하나님 앞에 두 개의 책이 있단다. 하나는 행위를 기록한 책이고, 하나는 생명책이다. 그리고 행위를 따라 심판을 받는다고 한다. 그런데 15절을 보면 생명책에 기록되지 않은 사람들이 다 심판을 받음을 알 수 있다. "누구든지 생명책에 기록되지 못한 자는 불못에 던져지더라."

그렇다면 생명책에 기록된 사람들은 행위로 심판을 받지 않는 것일까? 요한복음 5장 29절을 보자. "선한 일을 행한 자는 생명의 부활로, 악한 일을 행한 자는 심판의 부활로 나오리라." 행위를 따라 심판을 받는 것이 맞다. 우리의 행위는 선한가? 선하지 않을 가능성이 크다. 그렇다면 우리도 심판을 받게 되는 것일까?

여기서 '선한 일(아가도스)'이 무엇인지 아는 것이 중요하다. 빌립보서 1장 6절에 나오는 '착한 일(아가도스)'이 바로 '선한 일'이다. "너희 안에서 착한 일을 시작하신 이가 그리스도 예수의 날까지 이루실 줄을 우리는 확신하노라." 빌립보서에서 '착한 일'은 예수 그리스도를 믿는 것이다. 그런데 이 '선한 일'은 내가 하지 않는다. 시작도 주님이 하시고, 이루시는 분도 주님이시다. 그러므로 행위로 심판을 받는다고 할 때 그 행위는 우리의 행위가 아니라 주님의 행위인 셈이다. 우리는 주님이 행하신 착한 일, 선한 일로 생명책에 기록되고, 그로 인해 구원을 얻는 것이다. 그러나 믿지 않는 자들은 그들이 행한 일로 인해 심판을 받는다. 이것이 종말의 심판이다. 그러므로 종말이 다가옴을 볼수록 우리는 무엇보다 먼저 십자가의 은혜를 깊이 깨달아야 한다. 믿음을 더욱 견고히 해야 한다. 그것이 바로 종말을 준비하는 자세이다.

6. 주님의 오심을 고대하는 성도

당신은 종말이 오기를 고대하는가? 만약에 오늘 주님이 오신다면 어떨 것 같은가? 오늘 말고 조금 더 있다가 오시면 좋겠는가? 하나님의 백성은 주께서 언제 오시든지 '아멘, 주 예수여, 어서 오시옵소서'라고 고백할 수 있는 하루하루를 살아야 한다. 그 무시무시한 종말의 심판 주가 실은 죽도록 나를 사랑하시는 구세주요, 평생의 친구셨고, 나의 참신랑이시기 때문이다. 우리는 이 땅에서 성령의 내

주하심으로 주님과 동행한 그대로의 모습으로 종말을 맞이해야 한다. 그래서 믿는 자는 심판 중에도 감사하고 찬송할 수 있다.

7. 정리

재림은 반드시 실현될 사건이다. 성경이 증명하고 있고, 오늘날의 징조들이 힌트를 주고 있다. 이 재림은 주님이 언제 오시는지가 중요한 이슈가 아니다. 일상 중에 도둑이 오듯이 맞이하게 되리라는 것이 주님의 뜻이다.

그렇다면 어떻게 준비해야 할까? 무엇보다 먼저 십자가의 은혜를 깊이 깨달아야 한다. 생명책에 기록된 자만이 구원받는다. 그리고 받은 달란트를 활용하여 부지런히 하나님의 나라를 위해서 살아야 한다. 하나님의 말씀을 순종하는 것이 삶의 목적이 되어야 한다. 그리고 주님의 오심을 고대해야 한다. 무시무시한 심판이 일어나게 되겠지만, 종말에도 찬송할 수 있는 이유는 심판 주로 오시는 분이 나를 위해서 중보하시는 구세주이시고, 내 안에 함께하시는 보혜사이시며, 나의 참신랑이 되신 분이기 때문이다. 하루하루 주님과 동행하고, 사귀고, 누리는 삶을 통해 우리는 장차 올 종말을 준비할 수 있다.

◈ 말씀으로 믿음의 뼈대 세우기

1. 주님은 구름을 타고 큰 □□ 중에 오신다. - 마 24:30
2. 주님이 재림하실 때는 □□□ 자들을 모으신다. - 마 24:31
3. 예수님은 하늘로 가셨던 모습 □□□ 오실 것이다.
   - 행 1:11
4. 주님은 □□을 타고 누구나 볼 수 있게 임하신다. - 계 1:7
5. 주의 재림은 더딘 것이 아니라 주님이 우리가 다 회개에 이르기를 원하시기에 □□ 참으시는 것이다. - 벧후 3:9
6. 주님은 재림의 때에 우리가 □□ 있기를 원하신다.
   - 마 24:40-42
7. 종말의 때에 □□ 책에 기록되지 못한 자는 심판을 받게 된다. - 계 20:15
8. 주의 재림은 생명의 부활과 □□의 부활을 초래한다.
   - 요 5:29
9. 종말의 때에 사람들은 자신의 □□대로 심판을 받는다.
   - 계 20:13
10. 믿는 자는 주님이 행하신 □□ 일로 심판을 받는다. - 빌 1:6

생명 구름 깨어 행위 심판 영광 택하신 착한 그대로 오래

◆ 나눔으로 신앙의 뼈대 세우기

"저리로서 산 자와 죽은 자를 심판하러 오시리라"

❖ **다가서기**

오늘 주님이 오신다고 하면 당신은 어떻게 반응하겠는가? 그 이유는 무엇인지 나누어 보라.

❖ **깊이 보기**

1. '저리로서 산 자와 죽은 자를 심판하러 오심'이 바로 주님의 재림이다. 이 고백의 의미가 무엇인지 자신의 말로 설명해 보라.

2. 주님의 재림 목적은 무엇인가? 당신은 그 목적에 부합된 삶을 살고 있는가? 그렇지 못하다면 그 이유는 무엇인가?

3. 성경에서 설명하는 재림의 특징은 크게 네 가지이다. ☐에 들어갈 단어를 연결해 보고, 이 재림의 방식들이 어떤 의미인지 나누어 보라.

   환상이나 대리자가 아니라 ☐☐ 오신다.　　　　•　　•영광
   모든 사람이 ☐ 수 있게 단 한 번 오신다(마 24:27). •　　•몸
   승천하실 때의 그 ☐을 가지고 오신다(행 1:11). •　　•친히
   큰 ☐☐ 가운데 오신다(마 24:30).　　　　　　　•　　•볼

4. 주님은 속히 오신다고 했는데, 지금까지 지연되는 이유가 무엇인지 말해 보라(벧후 3:9).

5. 주님은 재림을 맞이하는 우리의 자세를 비유로 많이 말씀하셨다. 다음 네 가지 비유가 주는 교훈이 무엇인지 설명해 보라.

   1) 열 처녀 비유(마 25:1-13)
   2) 달란트 비유(마 25:14-30)
   3) 밭에서 일하는 두 사람의 비유(마 24:40-42)
   4) 양과 염소의 비유(마 25:31-46)

6. **최후의 심판의 기준은 행위이다**(계 20:12). 하지만 생명책에 기록된 자들은 심판을 받되 칭찬과 상급의 심판을 받게 된다. 그 이유는 무엇인가?(빌 1:6)

7. 당신을 위해 하신 주님의 착한 일은 무엇인가? 생각나는 대로 말하고, 감사의 마음을 표현해 보라.

8. 주님의 재림과 심판에 대한 당신의 신앙 고백을 적어서 발표해 보라.

❖ **다짐하기** : 주님의 재림을 고대하면서 나는 어떻게 살아야 하고, 어떤 부분을 시정해야 하는지 구체적으로 정하여 서로 나누어 보라.

제11강

성령

"성령을 믿사오며"

'성령'이라 하면 어떤 이미지가 가장 먼저 떠오르는가? 불같은 역사, 신비한 체험 등이 아닐까? 성령 체험은 미지근한 신앙을 뜨겁게 해 주고, 위기를 극복하게 해 주며, 나태해진 마음을 다시 추스르게 해 준다. 이 체험은 하나님을 경험하는 실제적인 사건이고, 많은 경우 전도의 도구도 되기 때문에 그리스도인에게 매우 소중한 사건이다.

하지만 하나님께서 우리에게 주신 신앙의 기초는 체험이 아니라 성경이다. 그렇기에 성령에 대해 알아 가고 성령을 믿는 것도 성경을 근거로 삼아야 한다. 사도신경이 가르쳐 주는 성령에 대한 신앙 고백은 성삼위일체 하나님에 대한 신앙 고백의 일부분이다. 라틴어 사도신경은 총 열두 문장으로 구성되어 있다. 앞부분은 성부와 성자 하나님에 대해서, 이제부터 보게 될 여덟 번째 문장부터 열두 번째 문장까지는 성령 하나님에 대해서 설명한다. 성경이 말씀하는 성령 하나님은 어떤 분이신지 함께 성경으로 난 길을 따라 걸어가 보자.

1. 성령의 정체성

1) 도우시는 하나님

예수님은 성령을 어떻게 부르시는가? "내가 아버지께 구하겠으니 그가 또 다른 보혜사를 너희에게 주사 영원토록 너희와 함께 있게 하리니"(요 14:16). 보혜사는 '지킬 보(保)', '은혜 혜(惠)', '스승 사(師)'로 구성된, '우리를 지키시고 은혜를 주시며 가르치시는 분'을 뜻하는 한자어이다. 성령의 헬라어는 '파라클레토스'이다. '파라'는 '~곁에', '클레토스'는 '누군가를 돕기 위해 부름받은'이라는 수동형이다. 즉 성령은 우리 곁에서 우리를 돕기 위해 오신 하나님이시다. 기본적으로, 성령은 우리를 강권하시고 역사를 주도하시는 역할로 오신 분이 아니다. 도우시는 분이다.

2) 교회를 세우시는 하나님

성령은 교회를 세우신다. 그래서 주님은 성령이 각 사람에게 임하시지만, 우리가 함께 모여 있어야 한다고 말씀하신다. 성령의 역사로 교회가 세워지고, 교회는 진리 위에서 예수님을 강하게 증거한다. 그러므로 성령 사역을 한다면서 교회를 무시하거나 교회의 질서를 어지럽히는 것은 성령 사역이 아니다. 현대 교회는 성령을 하나님으로 인식하지 않는 경향이 있다. 성령을 일종의 영향력이나 능력으로 이해해서 '성령 집회'라는 타이틀을 걸고 집회를 연다. 성령이 하나님이시라는 전제가 없기에 가능한 타이틀이다. '성부 집회', '성자 집회'는 없지 않은가!

사도행전에는 땅을 팔아 일부를 감추고 얼마만 가져온 아나니아와 삽비라 이야기가 나온다. 베드로는 이들이 성령을 속이고 하나님께 거짓말했다며 책망한다. "네가 성령을 속이고 땅 값 얼마를 감추었느냐 땅이 그대로 있을 때에는 네 땅이 아니며 판 후에도 네 마음대로 할 수가 없더냐 어찌하여 이 일을 네 마음에 두었느냐 사람에게 거짓말한 것이 아니요 하나님께로다"(행 5:3, 4). 이 구절들에서는 성령이 곧 하나님이심을 알 수 있다.

2. 성령의 사역

초대 교회 때는 성령이 다양하게 역사하셨다. 오늘날에는 특히 선교의 초기 상황에서 성령이 여러 형태로 역사하심을 볼 수 있다. 성령 사역은 '보혜사(파라클레토스)'라는 이름 안에서 이해해야 한다. 성경에서 파라클레토스는 총 다섯 번 나온다.

1) 함께하시는 사역

첫째, 요한복음 14장 16절이다. "내가 아버지께 구하겠으니 그가 또 다른 보혜사를 너희에게 주사 영원토록 너희와 함께 있게 하리니."

여기서 '또 다른(알로스)'은 '똑같은데, 구별되는 다른 것'이라는 의미이다. 즉 성령은 예수님과 똑같은데, 구별된 분으로서 예수님과 똑같은 사역을 하신다는 뜻이다. 그 사역은 바로 우리와 함께하시는 것이다. 성령은 우리 안에 거하심으로써 우리와 함께하신다. 우리 안에 거하신다는 것은 우리가 누릴 구원이 하나님과 우리가 온전히 하나가 되는 그런 구원임을 시사해 준다. 구원의 성격 자체가 주님과 하나가 되는 것이니 이 땅을 사는 동안 우리는 성령과 함께하는 삶, 그분의 뜻이 나의 뜻이 되고, 그분의 즐거움이 나의 즐거움이 되는 그러한 삶을 살기 위해 몸부림쳐야 한다. 이렇게 주님과 내가 온전히 하나 되는 것이 성령께서 우리에게 하시는 사역이다.

2) 가르치시는 사역

둘째, 요한복음 14장 26절이다. "보혜사 곧 아버지께서 내 이름으로 보내실 성령 그가 너희에게 모든 것을 가르치고 내가 너희에게 말한 모든 것을 생각나게 하리라."

성령은 예수님의 말씀을 가르치고, 생각나게 하는 사역을 하신다. 성경 66권의 원저자는 성령이시다. "먼저 알 것은 성경의 모든 예언은 사사로이 풀 것이 아니니 예언은 언제든지 사람의 뜻으로 낸 것이 아니요 오직 성령의 감동하심을 받은 사람들이 하나님께 받아 말한 것임이라"(벧후 1:20, 21). 성령은 우리가 받은 구원이 결코 번복되지 않을 것을 말씀을 통해 가르치고 깨닫게 하신다. 우리는 성령이 가르치시는 말씀으로 주님을 알아 갈 수 있다. 그래서 에베소서 6장 17절은 성령의 검을 '하나님의 말씀'이라고 표현한다. 성령이 우리를 가르치고 도우시는 도구가 말씀이라는 의미이다.

3) 증언하시는 사역

셋째, 요한복음 15장 26절이다. "내가 아버지께로부터 너희에게 보낼 보혜사 곧 아버지께로부터 나오시는 진리의 성령이 오실 때에 그가 나를 증언하실 것이요."

성령은 예수님을 증언하는 사역을 하신다. 그래서 성경은 성령을 '예수의 영(행 16:7)', '그리스도의 영(롬 8:9)', '아들의 영(갈 4:6)'이라고 부른다. 오순절에 성령이 사도들에게 임하셨을 때, 사도들은 처음부터 끝까지 예수 그리스도만 선포했다. 임하신 것은 성령인데, 전한 것은 성자였다. 누군가가 말했듯이, 우리는 성령 충만을 바라는데, 정작 성령은 예수 충만하신 것이다. 그래서 우리가 성령 충만하면 예수 그리스도를 전할 수밖에 없게 된다. 성경은 우리에게 성령 충만을 받으라고 명령한다. "술 취하지 말라 이는 방탕한 것이니 오직 성령으로 충만함을 받으라"(엡 5:18). 이 말씀은 이미 우리가 알고 있는 것처럼 '성령의 충만함을 받으라'는 의미로 해석할 수도 있지만, '성령'을 수단으로 삼아 무언가를 충만하게 하라는 의미도 된다. 그러니까 '성령으로'를 수단으로 해석할 수도 있다. 곧 성령으로 예수가, 예수의 말씀이 충만하라는 의미도 되는 것이다.

4) 유익하게 하시는 사역

넷째, 요한복음 16장 7절이다. "그러나 내가 너희에게 실상을 말하노니 내가 떠나가는 것이 너희에게 유익이라 내가 떠나가지 아니하면 보혜사가 너희에게로 오시지 아니할 것이요 가면 내가 그를 너희에게로 보내리니."

성령은 우리에게 오셔서 유익한 사역을 하신다. 성령이 임하실 때를 성경은 이렇게 묘사한다. "홀연히 하늘로부터 급하고 강한 바람 같은 소리가 있어 그들이 앉은 온 집에 가득하며 마치 불의 혀처럼 갈라지는 것들이 그들에게 보여 각 사람 위에 하나씩 임하여 있더니"(행 2:2, 3). 이는 성령 사역의 성격을 묘사한 것이기도 하다. 성령은 급하고 강한 바람처럼, 큰 불길처럼 사역하실 것이다.

나뭇가지가 흔들리면 바람이 불고 있다는 것을 알듯이, 사람이 놀랍게 변화되면 성령이 역사하셨구나 하고 알게 되는 그런 사역을 하신다. 성령은 우리의 고집스러운 옛 자아와 죄를 불살라서 새사람이 되게 하신다. 이처럼 보이지 않게 역사하시므로 우리가 오해할 수도 있지만, 분명한 것은 그분의 모든 사역이 우리에게 유익을 준다는 점이다. 우리에게 유익이 있다면 우리를 망하게도 하시고 아프게도 하신다. 그러므로 어떠한 상황이 찾아오더라도 우리는 성령만 신뢰하면 된다.

5) 변호하시는 사역

다섯째, 요한일서 2장 1절이다. "나의 자녀들아 내가 이것을 너희에게 씀은 너희로 죄를 범하지 않게 하려 함이라 만일 누가 죄를 범하여도 아버지 앞에서 우리에게 대언자(보혜사)가 있으니 곧 의로우신 예수 그리스도시라."

성령은 하나님 앞에서 우리를 변호하고 대언하는 사역을 하신다. 그리고 죄를 깨닫게 하시고 회개하게 하는 사역도 하신다. 결코 정죄함이 없으니 힘을 내라고 응원도 하신다. 성령은 우리가 구원을 놓치지 않도록 쉬지도 않고 우리를 위해 말할 수 없는 탄식으로 중보하신다.

3. 성령 세례와 성령 충만

1) 성령 세례

성령께서 우리 가운데 오시는 사건이 '성령 세례'이다(막 1:8). 오순절 성령 강림 사건 이후 성령 세례는 지금도 믿는 자들이 받는 특별한 은혜이다. 하지만 성령 세례를 오해하는 이들이 많다. 이 세례는 누군가가 그랬듯이, 예수 믿는 사람이 능력 있는 삶을 살기 위해 받아야 하는 두 번째 역사가 아니다. 성령 세례는 예수 믿는 자에게 임하는 첫 번째 역사이다. 오순절파나 은사주의에서 말하듯이, 신비한 체험이나 방언이 성령 세례를 받았다는 결정적인 증거도 아니다.

세례란 우리의 옛 자아가 죽고 주 안에서 새롭게 태어나는 것이다. 그러므로 성령으로 세례를 받았다는 것은 옛 자아가 죽고 주 안에서 새롭게 태어나 성령과 더불어 살아가게 되었다는 뜻이다. 그렇기에 성령 세례는 예수를 구주로 믿을 때 단 한 번 주어지는 은혜의 선물이다. 자신을 부인하고, 하나님을 사랑하며, 하나님만 의지하며 살도록 하는 삶의 전환점이다. 성령 세례는 그리스도인이 받는 제2의 능력이나 은사가 아니다. 성령 세례를 받은 증거는 오히려 '하나님, 저는 주님의 은혜 아니고는 살아갈 수가 없습니다'라는 고백이다. 주님은 승천하시면서 우리에게 모든 민족에게 세례를 베풀라고 명령하셨다. 이 명령은 어떤 의미에서는 너희의 옛 자아가 죽고 성령으로 살아가는 모습을 보여 주라는 것이기도 하다.

2) 성령 충만

성령 세례는 단회적인 사건이다. 하지만 성령 충만은 성령 세례를 삶 속에서 끊임없이 적용하는 반복적인 사건이다. 성령 충만을 받으라는 에베소서 5장 18절에 이어 19절부터는 성령 충만한 삶이 어떤 삶인지를 설명한다. "시와 찬송과 신령한 노래들로 서로 화답하며 너희의 마음으로 주께 노래하며 찬송하며 범사에 우리 주 예수 그리스도의 이름으로 항상 아버지 하나님께 감사하며 그리스도를 경외

함으로 피차 복종하라"(엡 5:19-21). 그 뒤에 나오는 '아내들이여, 남편들아, 자녀들아, 종들아, 상전들아' 하는 교훈도 성령으로 충만하게 된 자들의 삶의 모습이다. 결국, 성령으로 충만해진다는 것은 에베소서 5장 17절에 나오듯이 '오직 주의 뜻이 무엇인가 이해'해서 내 삶을 주의 뜻대로 맞추어 살아가는 것이다.

그러므로 성령 충만의 결과는 성령 세례와 마찬가지로 능력이나 은사를 받는 것이 아니라 어떻게 보면 점점 더 바보가 되어 가는 것이라고 볼 수 있다. 점점 고집이 없어지고, 겸손해지고, 긍휼과 사랑이 많은 사람이 되어 가는 것이다. 우리가 반복적으로 구해야 하는 것은 성령 세례가 아니라 성령 충만이다. 이미 와 계신데, '성령님, 오시옵소서'라고 기도하지 말고, 성령께서 나를 더 많이 주의 뜻으로 채우시고 장악하시도록 기도해야 한다.

4. 오순절 성령 강림 사건의 의미

오순절에 성령께서 오셨을 때 각 사람이 방언을 말하고, 베드로가 복음을 전하자 신도의 수가 삼천이나 더하는 일이 일어났었다. 이 사건은 구약의 한 사건과 대칭을 이룬다. 출애굽기 19장을 보면, 이스라엘 백성이 애굽 땅을 떠난 지 삼 개월이 되던 날 시내산에 도착했다. 유월절에 떠나서, 날수로는 약 50일 뒤, 달수로는 삼 개월 뒤인 오순절 기간에 도착한 것이다.

백성은 시내산 앞 광야에 장막을 쳤고, 모세는 시내산에 올라가 하나님께 율법을 받았다. 하지만 모세가 시내산에서 더디 내려오자 백성은 아론을 부추겨 금송아지 우상을 만들어 놓고, '보라, 우리를 애굽에서 인도하여 낸 신이로다' 하며 열광했다(출 32장). 이 금송아지 우상 사건은 단순히 하나님을 버린 사건이 아니다. 보이지 않는 하나님을 보이는 형상과 능력쯤으로 변질시켜 열광적으로 예배한 사건이다.

이로 인해 백성에게 큰 진노가 임했다. "레위 자손이 모세의 말대로 행하매 이날에 백성 중에 삼천 명가량이 죽임을 당하니라"(출 32:28). 이 사건과 신약의 오순절 성령 강림 사건을 대칭해 보라. 단순화하면, 옛 언약이었던 율법이 임하자 삼천 명이 죽었다. 율법의 냉엄한 잣대가 죄를 범한 자들을 살려두지 못한 것이다. 하지만 새 언약인 성령이 임하자 삼천 명이 살게 되었다(행 2:41). 이 대칭은 성령이 살리는 영으로서 우리 가운데 오시는 분임을 드러내 준다.

성령이 임하자 모든 사람이 각국의 방언을 말했다. 이는 성령을 받으면 반드시 방언을 하게 된다는 뜻이 아니다. 바벨탑 사건으로 각 나라와 족속과 백성과 언어가 나뉘었지만 성령의 교통하시는 복음으로 말미암아 이제 다시 하나가 되는 역사가 시작되었다는 상징이다. 이 성령의 역사가 오늘날에도 계속되고 있다. 성령으로 인해 우리는 하나님과 하나가 된다. 그리고 교회가 하나가 된다. 율법이 아니라 성령과 함께할 때만 우리는 하나 되어 살 수 있다.

5. 성령의 열매

믿는 우리는 성령의 시대를 살아가고 있다. 그러나 현재 세상의 시대는 기독교의 절대 진리를 부정한다. 상대적인 것에만 가치를 부여하고, 절대적인 것에는 부여하지 않는다. 하지만 주님은 성령이 진리의 영이라고 말씀하셨다. 절대 진리를 부정하는 시대 속에서 그리스도인은 진리이신 성령을 붙들고 살아가고 있는 것이다. 성령을 어떤 능력이나 힘으로 생각하지 말자. 성령 하나님을 금송아지로 만들어 숭배할 수는 없다. 이는 곧 변질을 의미한다.

오직 우리는 성령으로 행하고(갈 5:16), 성령의 인도하심을 따라 살고(롬 8:14), 성령의 열매를 맺으며 살아야 한다. 성령의 열매는 "사랑과 희락과 화평과 오래 참음과 자비와 양선과 충성과 온유와 절제"(갈 5:22, 23)이다. 이 열매는 내 안에 계시는 성령이 나로 하여금 맺게 하시는 결과물이다. 성령 하나님이 내 안에서 역사하지 않으시면 예수를 구주로 깨달을 수 없고 진리도 알지 못한다. 진리이신 성령께서 나와 함께 계셔야 진리 안에서 성령의 열매를 맺으며 살아갈 수 있다.

6. 정리

세상은 성령이 무엇인지, 성령과 함께 산다는 것이 무슨 뜻인지 잘 모른다. 하지만 신자가 살면서 어떤 열매를 맺는지는 잘 안다. 우리가 말로만 '성령의 열매, 성령의 열매' 하면서, 인생의 목적을 세상 사람들과 똑같이 출세와 부함과 건강에 두고 산다면, 세상은 교회의 말에 귀 기울이지 않을 것이다.

기독교의 절대 진리를 부정하는 이 시대를 살아가는 유일한 방법은 '성령을 믿사오며'라는 고백을 붙들고 사는 것이다. 이 고백은 '성령께서 내 안에 계셔서 영원히 함께하시며, 나를 가르치시고, 그리스도를 증언하게 하시고, 하나님 나라를 세워 가도록, 성령의 열매를 맺게 하시는 하나님이심을 믿습니다'라는 결단이다. 성령께 내 삶을 의탁할 때 나는 점점 사라지고 내주하시는 성령이 점점 내 삶의 주인이 되시는, 진짜 그리스도인이 될 수 있다.

◈ 말씀으로 믿음의 뼈대 세우기

1. 성령은 우리를 도우시는 □□□이시다. - 요 14:16
2. 성령은 우리와 함께하시는 □□□이시다. - 행 5:3, 4
3. 성령은 우리에게 모든 것을 □□□□, 생각나게 하신다. - 요 14:26
4. 성경은 오직 □□의 감동으로 기록된 것이다. - 벧후 1:20, 21
5. 성령은 예수님을 □□하시는 분이다. - 요 15:26
6. 예수님이 우리를 떠나신 후 성령을 보내 주신 것은 우리의 □□을 위함이다. - 요 16:7
7. 성령은 각 □□ 위에 임하신다. - 행 2:2, 3
8. 성령은 우리의 죄를 변호하시는 □□□이시다. - 요일 2:1
9. 그리스도인은 오직 성령으로 □□해야 한다. - 엡 5:18
10. 사랑과 희락과 오래 참음과 자비와 양선과 충성과 온유와 절제는 성령의 □□이다. - 갈 5:22, 23

대언자 충만 하나님 유익 가르치고 열매 성령 보혜사 사람 증언

◆ 나눔으로 신앙의 뼈대 세우기

"성령을 믿사오며"

❖ **다가서기** : 당신의 인생에 가장 큰 영향을 끼친 사람은 누구인가? 그 이유는 무엇인가?

❖ **깊이 보기**

1. 사람들이 성령을 어떻게 생각하는지 아는 대로 나누어 보자.

2. 당신이 체험한 성령과 성경이 말하는 성령이 같은가? 만약 다르다면 어떻게 다른가?

3. 성령의 사역을 성경에 나오는 '파라클레이토스(보혜사)'라는 이름 안에서 살펴보자.

   1) 요 14:16

   2) 요 14:26

   3) 요 15:26

   4) 요 16:7

   5) 요일 2:1

4. 당신에게 성령은 어떤 분인지 한 단어로 설명해 보라. 그렇게 생각하는 이유는 무엇인가?

5. 성령 세례(막 1:8)와 성령 충만(엡 5:17-6:9)이 어떻게 다른지 정리해 보고, 우리가 신앙생활 하면서 구해야 하는 것은 무엇인지도 나누어 보라.

6. 오순절 성령 강림 사건(행 2장)과 시내산 율법 강림 사건(출 32장)을 비교해 보라. 옛 언약인 율법과 새 언약인 성령이 어떻게 다른지, 그리고 성령은 어떤 사역을 하시는지 설명해 보라.

7. 내 삶 속에서 성령이 역사하셔서 크게 은혜를 받았거나, 무언가를 깨닫게 되었거나, 놀라운 일을 경험한 적이 있으면 나누어 보라. 그런 경험이 없었더라도 성령의 임재를 느낀 적이 있다면 이야기해 보라.

8. 성령은 자유롭게 사역하실 수 있는 분이심을 믿는 것과 성경에서 소개하는 성령을 아는 것은 별개의 문제이다. 성령이 어떤 분인지 바르게 알아야 성령 사역도 올바르게 분간할 수 있다. 그동안 성령과 성령 사역을 오해한 부분이 있었는지 정리해 보라.

9. 성령은 나를 통해 어떤 열매를 맺고 싶어 하실까?(갈 5:22, 23) 그중에 특히 내게 부족한 부분은 무엇인가?

기독교의 절대 진리를 부정하는 이 시대에 우리가 진리를 붙들고 살 수 있는 유일한 방법은 무엇인지 정리하고, 어떻게 구체적으로 성령의 열매를 맺으며 살아갈 수 있는지 나누어 보라.

❖ **다짐하기**

제12강

교회와 성도의 교제

"거룩한 공회와 성도가 서로 교통하는 것"

사도신경은 성삼위 하나님, 즉 '하나님 아버지'를 믿고, '예수 그리스도'를 믿고, '성령'을 믿는다고 고백한다.[15] 이렇게 사도신경은 세 단락으로 구분되고, 고대 교회로부터 그렇게 믿어 왔다. 이제 살펴볼 아홉 번째 문장은 우리가 '거룩한 공회와 성도가 서로 교통하는 것'도 믿는다는 고백이다. 이 고백은 여덟 번째 문장인 '성령을 믿사오며'와 연결된다. 성령이 그렇게 믿게 하시기 때문이다. 교회도, 성도 간의 교제도 우리의 믿음 대상이 된다. 과연 교회와 성도의 교제를 믿는다는 말은 무슨 의미일까? 이 안에 담긴 귀한 교훈이 우리의 가슴을 뜨겁게 할 것이다.

1. 거룩한 교회

'거룩한 공회'는 거룩한 교회를 가리킨다. 교회가 왜 거룩할까? 한글 성경에서 '거룩하다'라고 번역된 히브리어나 헬라어는 기본적으로 '구별하다'라는 뜻이다. 거룩함이라는 교회의 본질은 구약의 성막을 살펴보면 잘 알 수 있다. 하나님께서는 성막의 모든 기구와 심지어 성막에서 섬기는 제사장들도 거룩하다고 하셨다. 그 이유는 거룩하신 하나님을 섬기는 일을 위해 구별되었기 때문이다.

교회도 마찬가지이다. 교회가 거룩한 이유는 하나님께서 구별해 주셨기 때문이다. 성도가 거룩한 말과 행동을 하기 때문이 아니다. 하나님을 섬기도록 구별되었기 때문이다. 그래서 '세상에서 구별되어 불러내심을 받은 자들의 모임'이라는 뜻으로 교회를 '에클레시아'라고 한다. 교회는 사람이 만든 조직체(Organization)가 아니라 성삼위 하나님께서 만드신 유기체(Organism)이다. 성부 하나님이 교회라는 하나님의 백성으로 구별될 자들을 택하셨고, 성자 하나님이 그 교회라는 하나님의 백성으로 구별되는 길을 여셨고, 성령 하나님이 구별된 자들을 모으심으로 교회가 된 것이다. 이렇게 성삼위 하나님은 우리를 교회라는 공동체로 구별하셨고, 그런 성령의 역사를 우리가 믿는 것이다.

주님은 이 교회가 당신 자신의 몸이라고 하셨다. 세상천지에 '주님의 몸'이라고 구별된 것은 교회 외에 단 하나도 없다. "너희는 사도들과 선지자들의 터 위에 세우심을 입은 자라 그리스도 예수께서 친히 모퉁잇돌이 되셨느니라"(엡 2:20). 주께서 친히 모퉁잇돌, 즉 교회의 머리가 되어 주시고, 우리가 그분의 성전, 곧 몸이 되도록 구별하신 것이다. 당시에는 모퉁잇돌을 먼저 놓고 건축을 시작했기 때문에 주님이 교회 된 우리의 머리, 시초가 되신다는 뜻이다.

 머리 따로 몸 따로인 생명체를 본 적이 있는가? 머리가 잘린 채로 며칠간 살 수 있는 그 무언가가 있을 수는 있지만, 머리만 따로 두고 살아가는 존재는 없다. 있다면 좀비이거나 괴물일 것이다. 주님의 몸인 교회는 교회의 머리이신 주님과 따로 놀면 안 된다. 만약 따로 논다면 이미 교회는 좀비나 괴물처럼 변해 있는 것이다. 그러므로 교회인 우리는 존재론적으로는 주님과 함께 있어야 하고, 실제적으로는 주님의 삶과 죽음을 따라가야 한다. 우리가 주님의 몸이기 때문이다. 몸이기 때문에 또한 지속해서 자라 가야 한다. 그래서 에베소서 2장 22절은 "너희도 성령 안에서 하나님이 거하실 처소가 되기 위하여 그리스도 예수 안에서 함께 지어져 가느니라"라고 설명한다. 그러니 교회는 온 성도가 함께 지어져 가는 곳, 자라는 곳이다.

2. 공회(보편적 교회)

 공회(公會)란 '공교회, 보편적(普遍的) 교회'를 말한다. '보편적'은 영어로 'catholic(가톨릭)'이다. 천주교가 이 이름을 쓰고 있다. 천주교회가 보다 성경적인 교회라는 뜻이 아니라 '교회의 성격이 catholic, 즉 보편적이고, 우주적'이라는 뜻이다. 이 '가톨릭'은 헬라어 '카톨리케'를 그대로 옮긴 것으로, 풀어 설명하면, 교회는 시간과 공간을 초월하여 항상 존재한다는 뜻이다. 교회는 시간적으로는 이미 태초부터 존재했고, 지금도 있으며, 세상 끝날까지 존재한다. 공간적으로는 에덴동산에도 있었고, 애굽에도, 바벨론에서 포로 생활을 했을 때도, 그리고 지금도 온 세상에 존재한다. 그래서 '공회(보편적 교회)를 믿습니다'라는 고백은 '오늘날 교회의 조직과 예배당의 크기에 상관없이 주님에 대해 바른 신앙 고백을 한다면 그 고백 자체로서 온전한 교회임을 믿습니다'라는 뜻이다.

왜 교회는 보편적일까? 창세전부터 구별된 백성의 모임으로, 시간과 공간을 초월하여 항상 존재해 왔기 때문이다. "또 내가 보매 거룩한 성 새 예루살렘이 하나님께로부터 하늘에서 내려오니 그 준비한 것이 신부가 남편을 위하여 단장한 것 같더라"(계 21:2). 여기서 '거룩한 성 새 예루살렘'이 바로 교회이다. 이 종말의 교회는 마지막 때에 하나님께서 사람들을 불러 모아서 개척하신 교회가 아니다. 이미 하나님과 함께 있는 그 교회가 하늘로부터 내려오는 개념이다. 인간의 이성으로 이해하기 어렵지만, 교회는 이미 창세전에 존재했다.

이 땅의 모든 교회는 그 뿌리가 하늘에 있다. 천상의 교회가 지상에 가지처럼 뻗어 있는 모양새이다. 그래서 교회 안에는 이미 아담도 있고, 아브라함도, 모세도, 바울도 있고, 지금 이 땅에 살고 있는 우리도 있는 것이다. 시간과 공간을 초월하는 교회의 이 보편성 때문에 과거나 현재의 교회 안에 아브라함도, 바울도, 우리도 있다. 이렇게 지상 교회의 뿌리가 천상에 있기에 뿌리가 마르는 법이 없었고, 역사 속에서 어떤 핍박이 와도 망하지 않았던 것이다.

3. 천상 교회와 지상 교회

마태복음 16장은 교회의 본질을 잘 설명해 준다. 베드로가 주님께 고백하는 장면을 보자. "주는 그리스도시요 살아 계신 하나님의 아들이시니이다 … 내가 이 반석 위에(베드로의 고백 위에) 내 교회를 세우리니 음부의 권세가 이기지 못하리라 내가 천국 열쇠를 네게 주리니 네가 땅에서 무엇이든지 매면 하늘에서도 매일 것이요 네가 땅에서 무엇이든지 풀면 하늘에서도 풀리리라"(마 16:16, 18-19). 땅의 교회와 하늘의 교회가 마치 한 몸처럼 움직인다. 두 교회가 하나인 것이다. 그러니 엄밀히 말해서 우리는 천상의 교회에 등록되어 있다. 잠깐 이 지상에 출장 와 있는 셈이다. 세상 사람들에게 교회가 무엇이고, 어떤 모습이어야 하는지를 보여 주라고 하나님께 사명을 받고 내려온 것이다. 이 사명을 완수한 후에 본점으로 돌아갈 것이다.

그러므로 거룩하고 보편적인 교회를 믿는다는 것은 '지상 교회가 천상 교회의 모습을 드러낼 수 있도록 애쓰겠습니다. 나는 이 교회의 지체로 살아가겠습니다'라는 다짐이다. 우리 교회 장로님을 아브라함으로, 셀장님을 바울로 섬기면서, 함께 한 교회에 다니며 하나님 나라를 완성해 가고 있음을 믿는다는 고백이다. "하이델베르크 요리 문답" 54번을 보라. "'거룩하고 보편적인 교회'에 관하여 당신은 무엇을 믿습니까?" "나는 하나님의 아들이 세상의 처음부터 마지막 날까지, 모든 인류 가운데서 영생을 위하여 선택하신 교회를, 참된 믿음으로 하나가 되도록, 그의 말씀과 성령으로 자신을 위하여 불러 모으고 보호하고 보존하심을 믿습니다. 나도 지금 이 교회의 살아 있는 지체이며 영원히 그러할 것을 믿습니다."

교회의 실체가 이 땅이 아니라 하늘에 있다. 교회는 예수 믿는 사람들이 이 지상에서 만든 조직체가 아니라 하나님이 당신의 몸이라고 하신 유기체이다. 그러니 교회를 조직체로 만들거나, 지나치게 계급화하거나, 인간적인 친교 집단으로 만들어서는 안 된다. 회사나 국가와 같은 조직체에 문제가 생기는 것과 교회에 문제가 생기는 것은 차원이 다르다. 주님의 몸에 상처를 입혀 피가 흐르게 하는 것과 같다. 우리의 사명은 교회에 출석하는 것이 아니라 세상 앞에서 참된 교회의 모습으로 살아 내는 것이다. 교회를 사랑하고 섬기는 것이다. 이것이 바로 '거룩하고 보편적인 교회를 믿습니다'라는 고백이다.

4. 성도가 서로 교통하는 것

성경은 우리를 '성도(聖徒), 거룩하게 된 무리'라고 부른다. 그런데 진정으로 우리가 '성도'일까? 아니다. 그런데도 사도신경에서는 우리가 성도라는 것을 믿는다고 한다. 문제 많고 이기적인, 한낱 범인(凡人)에 불과한 우리를 왜 거룩한 무리라고 칭하는가? 고린도전서 1장 2절은 "고린도에 있는 하나님의 교회 곧 그리스도 예수 안에서 거룩하여지고 성도라 부르심을 받은 자들과 또 각처에서 우리의 주 곧 그들과 우리의 주 되신 예수 그리스도의 이름을 부르는 모든 자들에게"라고 기록한다. 생각해 보라. 고린도 교회는 문제가 정말 많은 교회였다. 바울파, 아볼로파 하면서 당을 짓는가 하면(고전 1:12), 온갖 음행을 행했으며(고전 5:1), 심지어 성도들끼리 싸워서 세상 법정에까지 고발을 하기도 했다(고전 6:1). 그런데 바울은 조금도 서슴지 않고 그들을 성도라고 부른다. 그들이 그리스도 예수 안에서 거룩해졌기 때문이다. 우리가 거룩한 이유는 우리의 언행 때문이 아니라 예수님이 우리를 거룩하게 해 주셨기 때문이다. 그러니 언행이 한심할지라도 끝까지 예수의 이름을 부르며 사는 사람이 바로 성도이다.

성도들은 그리스도 안에서 한 몸이 되었기에 필연적으로 서로 교통하지 않을 수 없다. 교통한다는 것은 교제를 나눈다는 뜻이다. 원칙적으로 성도는 혼자 신앙생활 할 수가 없다. 쉽게 설명하면, 성령이 혈관의 피가 되셔서 성도 간에 교통하시는 것이 교회의 모습이다. 혈관이 막힌 건강한 몸은 없다. 교회는 항상 성도들이 함께하는 모습으로 존재해 왔다. 교회 생활을 하다 보면, 이런저런 일로 상처를 받을 때가 있다. '믿는 사람이 왜 저러지?' 하며 시험에 들기도 하고, 너무 낙심해서 교회를 옮기기도 한다. 그중에는 옮긴 교회에서는 정식으로 등록하지 않고 예배만 드리고 오는 사람들도 있다. 하지만 이는 온전한 신앙생활의 모습이 아니다. 우리는 '성도가 서로 교통하는 것'을 믿는 사람들이다. 교회는 주님의 몸이다. 얼마나 영광스러운 사실인가? 이 영광스러움은 성도가 함께 교제할 때에 드러난다. 함께 울고, 함께 웃는 이 교회다움을 상실한다면 교회 건물이 아무리 크고, 아무리 많은 사람이 모여도 아무 의미가 없다.

성도의 교제와 사귐을 '코이노니아(koinonia)'라고 한다. '성도의 교제'라고 하면, 보통 함께 차를 마시고, 밥을 먹고, 대화하는 것을 떠올리기 쉽다. 사도신경에 나오는 '성도가 서로 교통하는 것'은 이런 수준이 아니다. 모여서 집값 많이 오르게 해 달라고, 자녀가 좋은 대학에 가게 해 달라고 기도 제목을 나누는 교제를 넘어 천상 교회의 모습을 보여 주는, 하나님이 기뻐하시는 코이노니아를 회복해야 한다. 얼마나 많이 모였고, 얼마나 큰 장소에서 예배드리는지는 교회의 자랑거리가 아니다. 얼마나 진실하게 성도들끼리 교제를 나누는지를 자랑으로 삼아야 한다. 비록 부끄러운 모습일지라도, 이번 주에 내가 얼마나 부족한 엄마였는지, 직장에서 내가 얼마나 이중적으로 행동했는지를 나눌 수 있다면 어쩌면 그것이 진정한 코이노니아일 것이다. 우리의 수준이 그러함에도 불구하고 주께서 우리를 거룩한 성도로 불러 주셨음을 믿는 믿음으로 나누는 교제이기 때문이다.

5. 코이노니아의 원형

성경에서는 성도 간에 진정한 교제를 나누려면 주님과 먼저 교제를 나누어야 한다고 설명한다. "우리가 보고 들은 바를 너희에게도 전함은 너희로 우리와 사귐이 있게 하려 함이니 우리의 사귐은 아버지와 그의 아들 예수 그리스도와 더불어 누림이라"(요일 1:3). 그리스도와의 교제가 그분을 누림이 될 때, 성도 간의 교제도 상처가 아니라 서로를 누림이 된다. 주님을 누림이란 그분을 통해 만족을 얻고 위로를 얻는 삶일 것이다. 그런 누림의 삶은 고스란히 성도 간의 교제에도 흘러 누군가를 위로하고 격려함으로 서로가 서로를 누리는 삶이 될 것이다. 그러니 교제도 은혜가 없으면 못 한다. 서로 헐뜯고, 원망하고, 시험 들다가 끝나 버린다. 성도의 교제는 성령의 사역이다. 성령께서 성부와 성자와 연합하신 것처럼 우리에게도 그렇게 연합하라고 본을 보여 주시는 것이다. 그러므로 성도 사이의 교제는 성삼위 하나님의 교제를 기준 삼아 일상에서 그것을 흉내 내고, 따라 하는 것이다.

이 교제의 가장 중요한 원칙은 나누는 것이다. 말씀을 나누고, 성찬을 나누고, 신앙 고백을 나누고, 또 은사를 나누어야 한다. 성경은 '헌금'도 성도의 교제라고 설명한다(롬 15:25, 26). 고린도후서 9장 13절에서도 후한 연보로 '섬기는 것'을 '코이노니아'라는 단어로 표현한다. "이 직무로 증거를 삼아 너희가 그리스도의 복음을 진실히 믿고 복종하는 것과 그들과 모든 사람을 섬기는 너희의 후한 연보로 말미암아 하나님께 영광을 돌리고." 모든 나눔이 다 성도 간의 교제이다. 이런 나눔을 통해서 결국 우리는 그리스도를 세상에 떼어 나눌 수 있다. 그리스도를 떼어 나누는 것, 쉽게 말해 전도는 우리가 그리스도의 제자로서 서로 나누는 사랑과 교제를 통해 이루어진다.

우리 교회가 성경적인 교회, 천상의 교회가 되려면 어떻게 해야 할까? 그 힌트가 사도행전 2장에 나온다. "그들이 사도의 가르침을 받아 서로 교제하고 떡을 떼며 오로지 기도하기를 힘쓰니라"(행 2:42). 이 구절을 더욱 상세하게 설명하는 내용이 43-47절까지 이어진다. 초대 교회 성도들이 이렇게 교제하고 기도하고 하나님을 찬미하였더니 어떤 결과가 나타났는가? "또 온 백성에게 칭송을 받으니 주께서 구원받는 사람을 날마다 더하게 하시니라"(행 2:47). 이것이 지구상에서 구현되었던, 천상의 교회를 가장 많이 닮은 모습이다. 모든 교회가 나아갈 방향이고, 주께서 모든 교회에 주신 사명이다. 그러므로 성도들이 참된 교제를 나누는 교회가 되려면 끊임없이 질문해야 한다. 우리는 하나님을 잘 예배하고 있는가? 가르침을 잘 받고 있는가? 떡을 떼며 서로 기도하고 교제하고 있는가? 사람들에게 칭송을 받는 교회인가? 날마다 구원받는 자가 더해지고 있는가?

사람들이 한국 교회를 보고, 또 성도들이 교제하는 모습을 보고, '와, 진짜 교회구나!' 하고 말해 주기를 바란다. 성도는 모든 지상 교회를 향한 공통 기도 제목을 가지고 있어야 한다. "하나님, 우리 교회가 참된 교회 되기를 원합니다." 이 내용을 평생 기도 제목으로 삼고 살아야 한다. 이것이 교회를 향한 우리의 사명이기 때문이다.

우리는 사도행전에서 보여 주신 천상 교회의 모형을 따라 계속해서 우리 자신을 비워 내고, 우리의 물질과 은사를 나누고, 세상을 향해 우리의 사랑을 베푸는, 그런 교회를 세워 가야 한다. 그래서 세상에 교회와 성도 교제의 영광을 드러내야 한다. 왜냐하면 하나님께서 우리를 천상의 교회를 드러내며 살라고 이 땅에 보내셨기 때문이다. '거룩한 공회와 성도가 서로 교통하는 것을 믿습니다'라는 고백은 바로 이런 교회로서의 삶에 대한 다짐이 동반된 고백인 것이다.

6. 정리

교회의 속성과 성도의 교제도 우리가 믿어야 할 대상이다. 하나님께서 교회를 구별하셔서 주님의 몸이라 칭하셨으니 우리는 비록 문제가 많을지라도 교회의 구별됨, 거룩함을 믿어야 한다. 이 땅의 교회는 그 뿌리가 하늘에 있다. 그러므로 천상의 교회가 어떤 모습인지를 세상에 보여 주어야 하는 사명이 있다.

  이런 거룩하고 보편적인 교회에 대한 믿음은 필연적으로 성도 간의 교제로 나타나야 한다. 바른 신앙을 가졌다면 교회를 떠나거나 혼자 신앙생활 할 수 없다. 성도의 교제는 결국 세상에 그리스도를 떼어 나누는 것이다. 세상에 그리스도를 나누기 위해 우리는 먼저 하나님과 주 예수 그리스도와 깊은 교제를 나누어야 한다. 이 교제가 형식적인 것에 머무르지 않고 진정으로 그분을 누림이 될 때, 비로소 성도 간의 교제를 누릴 수 있다. 우리는 이 땅의 교회를 함께 섬기라고 하나님이 불러 모으신 동역자들이다. 날마다 주의 말씀을 배우고, 서로 떡을 떼며, 기도하고, 세상으로부터 칭송을 들으며, 구원받는 자의 수가 더해지는 천상의 교회를 드러내는 참교회로 살아야 한다.

◆ 말씀으로 믿음의 뼈대 세우기

1. 교회는 그리스도께서 ☐☐☐☐이 되신 유기체이다. - 엡 2:20
2. 종말의 때에 교회는 ☐☐가 단장한 것처럼 하늘에서 내려온다. - 계 21:2
3. 교회는 ☐☐의 권세가 이기지 못하는 곳이다. - 마 16:18
4. 이 땅의 교회는 ☐☐의 교회와 연결되어 있다. - 마 16:19
5. 교회란 그리스도 예수 안에서 거룩하여진 ☐☐들의 모임이다. - 고전 1:2
6. 성도의 교제(사귐)는 먼저 ☐☐☐과의 사귐을 전제로 한다. - 요일 1:3
7. 교제는 ☐☐(연보)을 포함한 모든 것을 나누는 것이다. - 고후 9:13
8. 교회는 ☐☐☐을 받는 곳이다. - 행 2:42
9. 교회는 성도들이 서로 떡을 떼며 ☐☐하는 곳이다. - 행 2:42
10. 교회는 ☐☐☐를 힘쓰는 공동체이다. - 행 2:46
11. 교회는 사람들에게 ☐☐을 받는 구원의 요람이다. - 행 2:47

하늘 물질 성도 모퉁잇돌 신부 가르침
음부 하나님 교제 모이기 칭송

◆ 나눔으로 신앙의 뼈대 세우기

"거룩한 공회와 성도가 서로 교통하는 것"

❖ **다가서기**

당신에게 교회는 어떤 곳인가? 그렇게 생각하는 이유는 무엇인지 자유롭게 나누어 보라.

❖ **깊이 보기**

1. '거룩한 공회(公會)'라는 표현은 교회의 속성(거룩성, 보편성, 통일성, 사도성) 중 두 가지를 나타낸다. 무엇과 무엇인지, 그리고 각 의미를 설명해 보라.

2. 주님의 교회는 왜 거룩한가?(엡 2:20-22) 당신이 생각하는 교회의 현실과 비교하여 교회의 거룩함이 어떤 모습으로 드러나야 하는지 나누어 보라.

3. 교회의 거룩함과 관련하여 성경은 우리를 '성도'라고 부른다. 우리가 '성도'인 이유는 무엇인가?(고전 1:2) 당신은 성도인가? 그렇게 생각하는 이유는 무엇인가?

4. 교회가 '보편적 교회(Holy catholic church)'가 될 수 있는 근본적인 이유는 무엇인가?(계 21:2) 천상의 교회는 어떤 모습일지 상상해 보라.

5. 성도들이 올바르게 교제하기 위해서 선행되어야 할 것은 무엇인가?(요일 1:3) 성도의 교제에서 가장 중요한 원칙은 무엇이라고 생각하는가?

6. 지상 교회가 천상 교회의 모습을 가장 잘 드러낸 예시를 성경에서 확인하고, 그 모습을 당신의 말로 정리해 보라(행 2:42-47).

7. 당신은 교회로서의 부르심에 합당하게 살아가고 있는가? 그렇지 못하다면 그 이유는 무엇인가?

8. 왜 성도는 교회 안에서 교제하는 삶을 살아야 하는지 당신의 생각을 나누어 보라.

   ....
   ....
   ....
   ....
   ....

❖ **다짐하기**

: '거룩한 공회와 성도가 서로 교통하는 것'을 제대로 믿기 위해서 당신이 할 수 있는 구체적인 일은 무엇인지 정하고 실천해 보라.

제 13 강

죄 용서

"죄를 사하여 주시는 것"

우리가 아는 인류 최초의 죄는 아담과 하와가 에덴동산에서 선악과를 따 먹은 사건이다. 이 죄는 하나님의 말씀을 듣지 않고 사탄의 말을 들음으로써 발생했다. 성경에서 '죄'라는 단어는 창세기 4장 가인과 아벨 이야기에서 처음 나온다. 여기서 '죄(하타)'는 '표적을 빗맞히다, 길을 잃다'라는 뜻이다. 그러니까 성경이 설명하는 죄의 본질은 하나님의 말씀을 듣지 않아서 길을 잃는 것이다. 말씀을 듣지 않는 것이 죄이다. 그래서 이스라엘의 역사를 보면, 하나님이 이스라엘 백성에게 끊임없이 '쉐마(들으라)'라고 외치셨던 것이다.

죄에는 원죄(Original sin)와 자범죄(Actual sin)가 있다. 원죄는 인류가 지은 첫 번째 죄로, 모든 죄와 부패를 양산해 내고 인간과 창조 세계를 오염시키는 죄의 뿌리이다. 자범죄란 원죄로 인해 인간 내면에 형성되어 버린 부패한 본성에서 계속 흘러나오는 모든 죄를 말한다. 사도신경은 우리에게 주님이 우리의 죄를 사하여 주심을 믿으라고 요청한다. 이런 죄 용서의 고백과 그 믿음에 관한 고백도 결국은 성령의 사역이기에 사도신경의 마지막 부분 역시 성령 하나님에 관한 고백으로 분류한다.

1. 죄를 용서해 달라고 고백하려면

죄를 사하여 주셨음을 고백하려면 반드시 전제되어야 할 두 가지가 있다. 첫째, 죄의 심각성을 제대로 인식하는 것이다. 그렇지 않으면 계속해서 죄를 축소하게 되고, 급기야는 굳이 용서받을 필요가 있나 하는 결론에 다다르게 된다. 예를 들어 보자. 가톨릭에서는 죄를 대죄(大罪)와 소죄(小罪)로 구분한다. 대죄는 알고도 의도적으로 저지른 심각한 잘못이다. 회개하지 않으면 지옥에 가는 죄이다. 그에 반해 소죄는 비교적 가볍고 흔한 잘못으로, 하나님의 은혜를 상실하지는 않는다고 가르친다.

정말 그럴까? 아니다. 모든 죄는 똑같이 하나님을 향한 대역죄이다. 죄는 우리를 저주 가운데 살게 하고 결국 죽음이라는 형벌을 받게 한다. 너무 작은 죄라 심각하지 않다고 생각하면 용서받는 일 역시 필요하지 않다고 생각하게 된다. 죄를 지은 후 인간이 할 수 있는 일은 아무것도 없다. 오직 사함을 받아야 그 죄에서 자유로울 수 있다. 죄의 심각성을 알아야만 죄를 용서해 달라고 고백할 수 있다. 하지만 죄를 지었다고 해서 하나님의 은혜를 상실하지는 않는다. 심각한 죄를 지었더라도 회개하는 자에게는 용서가 약속되어 있기 때문이다.

둘째, 내가 죄인임을 인식하는 것이다. 우리는 죄를 지어서 죄인이 된 것이 아니다. 원래부터 죄인이었고 그렇기 때문에 죄를 짓는 것이다. 모든 인간은 직분과 상관없이, 심성과 상관없이, 언제든 기회만 되면 죄를 짓는다. 바울은 예수를 믿고 난 후에도 죄에 대해 이렇게 탄식했다. "내 지체 속에서 한 다른 법이 내 마음의 법과 싸워 내 지체 속에 있는 죄의 법으로 나를 사로잡는 것을 보는도다 오호라 나는 곤고한 사람이로다 이 사망의 몸에서 누가 나를 건져내랴"(롬 7:23, 24). 죄를 전혀 짓지 않을 것 같은 능력의 사도 바울이 자신을 죄의 법이 지배하고 있다고 고백한다. 우리는 어떠한가? 뼛속까지 죄인이다.

다윗은 많은 고난을 겪으며 하나님께 훈련을 받았지만 왕이 되어 남의 아내를 빼앗고 그 남편을 죽이기까지 했다. 나단 선지자가 다윗의 죄를 지적하자 다윗이 이렇게 고백한다. "내가 죄악 중에서 출생하였음이여 어머니가 죄 중에서 나를 잉태하였나이다"(시 51:5). 다윗이 비로소 깨달은 것이다. "아, 내가 죄를 지어서 죄인이 된 것이 아니구나. 원래부터 죄인이라 기회만 있으면 죄를 짓는구나!" 바울의 고백과 똑같다. "오호라 나는 곤고한 사람이로다."

인간은 '내가 진짜로 죄인이구나'라는 인식이 없으면 용서를 구하지 않는다. 형식적으로 용서를 구하는 기도는 하면 할수록 점점 더 교만해지고, 점점 더 남을 정죄하는 율법주의자가 되게 한다. 열심은 있는데 복음은 없는 자가 되게 하며, 용서받지 못했는데 용서받은 줄로 착각하며 살게 한다. 너무나 무서운 일이다. 우리는 죄를 안 짓고 살 수 없다. 죄를 안 지을 수 없음을 솔직하게 고백하는 것이 오히려 성경적이다.

2. 죄를 용서받지 못하면

하지만 용서를 구한다는 것이 어떻게 보면 자존심이 상하는 일 같다. 그래서 이렇게 생각할 수도 있으리라. '살다 보면 이런저런 죄를 지을 수도 있지. 죄인 아닌 사람이 어디 있어? 그냥 죄인인 걸 인정하고 교회 다니면 되지. 뭘 그렇게 질질 짜면서 회개한다고 저러고 있는 거야? 좀 점잖게 신앙생활 하면 안 되나?' 왜 예수님을 만나 죄 용서를 받았다는 성도들은 눈물을 흘리며 기뻐하는 것일까? 그것은 성경이 죄의 삯은 사망이라고 선언하는데 그 사망에서 건짐을 받았기 때문이다. 너무나 감격스러워서 눈물이 나오는 것이다.

죄를 용서받지 못하면 어떻게 될까? 내적으로는 하나님과의 교제를 잃게 되고, 마음이 굳어져서 결코 하나님을 찾지 않게 된다. 외적으로는 이 땅의 모든 해악과 저주의 대상이 된다. 그래서 하나님의 형상대로 살지 못한다. 아무리 노력해도 비참함에 이른다. 죽어서는 하나님과 영원히 단절되어 어떠한 은혜와 긍휼도 없는 영원한 지옥불에 던져지게 된다. 그래서 결국은 세상의 어떤 고통보다 더욱 극심한 고통을 영원히 받게 된다.

그래서 죄를 용서받는다는 것은 그 어떤 것보다 중요하다. 돈은 벌었는데, 성공은 했는데, 죄는 용서받지 못했다면, 아무것도 못 한 것이다. 인생은 둘 중 하나이다. 지은 죄를 그대로 가지고 죽을 것인가, 아니면 용서를 받고 죽을 것인가! 원죄로 인한 육신의 죽음은 모든 인류가 어쩔 수 없이 감당해야 할 몫이지만, 예수의 대속의 은혜를 믿어 죄를 용서받은 자는 영원한 죽음에서 제외된다. 대신에 영원한 생명을 얻게 된다.

3. 용서의 메커니즘

어떤 죄를 저질렀어도 하나님 앞에 가지고 나오면 다 용서받는다. 솔직하게 죄를 고백하면 미쁘시고 의로우신 하나님이 우리의 죄를 사해 주신다.

기억할 것은 이 용서 구함이 우리의 노력으로 되는 것이 아니라는 사실이다. 오직 성령의 도우심으로만 가능하다. 성령께서 우리가 죄를 자백할 수 있도록 도와주신다. 주께서 열어 놓으신 용서가 우리 각자에게 적용되도록 하신다. 성령은 예수를 진심으로 받아들인 심령에 임재하신다. 그래서 강퍅하고 패역한 마음을 제거하신다. 죄가 얼마나 심각한지, 그리고 하나님의 용서의 은혜가 얼마나 큰지를 깨닫게 하신다. 그래서 회개하게 하시고, 사는 동안 오로지 그리스도만을 바라보게 해 주신다(갈 3:24). "웨스트민스터 소요리 문답" 31번은 성령의 이 사역을 '효력 있는 부르심(소명)'이라고 표현한다. 그래서 사도신경의 세 번째 부분을 성령 하나님에 대한 내용이라고 하는 것이다.

하나님 나라의 법칙과 세상 나라의 법칙은 다르다. 세상을 잘 살아가려면 지은 죄를 들키면 안 된다. 만약 들켰다면 절대 아니라고 부인해야 하고, 불리해지면 묵비권을 행사해야 한다. 변호사를 고용해서라도 죄를 축소해야 한다. 세상에서는 죄를 지은 만큼 벌을 받기 때문이다. 하지만 하나님 나라에서는 그렇지 않다. 완전히 반대이다. 죄를 부인하고 묵비권을 행사하면 할수록 손해를 본다. "자기의 죄를 숨기는 자는 형통하지 못하나 죄를 자복하고 버리는 자는 불쌍히 여김을 받으리라"(잠 28:13). 하나님 나라에서는 죄를 자복하면 용서를 받는다. 그러니 그 어떤 죄도 하나님께 자백하라. 그러면 용서와 감사가 주어진다.

4. 하나님이 베푸신 용서의 의미

하나님은 자신을 우리에게 소개하시려고 여러 이름을 성경을 통해 알려 주셨다. 여호와(언약의 하나님), 엘로힘(전능의 하나님), 여호와 이레(준비하시는 하나님) 등이다. 그런데 '용서하시는 하나님'이라는 이름은 나오지 않는다. 어떤 자료에서는 용서하시는 하나님을 '암노스(Amnos)'라고 표현하는데, 암노스는 어린양이라는 뜻일 뿐 하나님의 이름은 아니다. 용서하시는 하나님의 이름이 없는 이유는 하나님은 이름이 아니라 자신의 행동 자체로 용서를 나타내셨기 때문이다. 그분의 용서는 우리의 죄를 눈감아 주는 수준의 값싼 용서가 아니다. 독생자 예수를 십자가에 매달아 처형당하게 하여 죗값을 치르게 하신 후 주신 용서이다.

성경은 이 죄 사함을 두 가지로 설명한다. 첫째, 죄를 기억하지도 않는 용서이다. "그들이 다시는 각기 이웃과 형제를 가르쳐 이르기를 너는 여호와를 알라 하지 아니하리니 이는 작은 자로부터 큰 자까지 다 나를 알기 때문이라 내가 그들의 악행을 사하고 다시는 그 죄를 기억하지 아니하리라 여호와의 말씀이니라"(렘 31:34).

둘째, 결코 정죄함이 없는 용서이다. "그러므로 이제 그리스도 예수 안에 있는 자에게는 결코 정죄함이 없나니 이는 그리스도 예수 안에 있는 생명의 성령의 법이 죄와 사망의 법에서 너를 해방하였음이라"(롬 8:1, 2). 성령의 법이란 용서를 구하면 우리의 과거의 죄, 현재의 죄, 미래의 죄까지도 기억하지도 않으시는 용서를 주시는 법이다. 그리고 어떠한 정죄함도 없는 용서를 베푸시는 법이다. 하나님 나라에서는 진심으로 용서를 구하는 자에게 정죄함이 없는 용서를 주는 것을 법으로 정해 놓으셨단다. 얼마나 감사한가? 죄를 고백하지 못할 이유가 없다. 세상 나라처럼 죄를 인정하면 벌 받는 나라가 아니기 때문이다. 그렇기에 종말의 때에 심판은 죄를 지어서 받는 것이 아니라 주신 용서를 받아들이지 않아서 받는 것이다.

우리가 죄를 용서해 달라고 하나님께 구할 때 하나님은 우리에게 주체할 수 없는 기쁨을 주신다. 이는 한 번도 경험해 보지 못했던 종류의 기쁨이다. 우리를 향하신 하나님의 기쁨을 맛보여 주신 것은 아닐까 하는 생각이 들 정도로 새로운 기쁨이다. 마치 '내가 너의 구원을 이토록 기뻐한단다. 평생 이 기쁨에 참여하는 삶을 살으렴!' 하고 말씀하시는 것 같다.

참으로 신비한 기독교 신앙의 역설이다. 세상 사람들은 자기 속에 있는 죄책감을 없애고자 노력한다. 마음에 평안을 주는 노래를 듣고 책을 읽는다. 하지만 성도에게 죄책감은 말로 설명할 수 없는 기쁨을 경험하게 하시는 하나님의 선물이다. 죄는 감추어야 한다고 말하는 세상에서 성도는 죄를 고백하는 삶을 산다. 그리고 용서의 기쁨을 누린다. 이것이 복음이다.

5. 용서받은 사람은 어떻게 살아야 할까?

모든 죄를 사함받았으므로 이제는 마음대로 살아도 될까? 아니다. 진정으로 죄를 사함받았다면 반드시 회개하는 삶을 살 수밖에 없다. 죄를 용서받았는데 왜 또 회개를 해야 할까? 여기에 기독교 신앙의 중요한 비밀이 숨어 있다. 우리는 죄 사함을 받았지만, 우리 속에는 여전히 죄의 본성이 남아 있다. 그런데도 하나님은 계속 우리를 용서하시고, 이에 우리는 죄성을 인정하며 살아가게 된다.

성경에서는 이런 삶을 복되다고 표현한다. "허물의 사함을 받고 자신의 죄가 가려진 자는 복이 있도다"(시 32:1). 이 복된 삶에 대한 내용이 예수님의 산상수훈으로 이어진다. "애통하는 자는 복이 있나니 그들이 위로를 받을 것임이요"(마 5:4). 왜 애통하는 자가 복된 자인가? 그리고 무엇을 애통하는 것일까? 죄를 사함받았지만, 여전히 죄의 본성을 따르는 자신을 발견하고 애통하는 것이다. 이렇게 애통하는 자가 받는 위로가 있단다. 바로 어떤 경우에도 변하지 않는 하나님의 용서라는 위로이다. 그래서 용서받은 사람은 바리새인처럼 사는 게 아니라 세리처럼 회개하며 살게 되는 것이다.

죄를 용서받은 사람은 형제를 용서하는 삶을 살게 된다. "너희가 사람의 잘못을 용서하면 너희 하늘 아버지께서도 너희 잘못을 용서하시려니와 너희가 사람의 잘못을 용서하지 아니하면 너희 아버지께서도 너희 잘못을 용서하지 아니하시리라"(마 6:14, 15). 이게 무슨 뜻일까? 우리가 형제를 용서해야 하나님도 우리를 용서해 주신다는 뜻일까? 아니다. 이 말씀은 이미 죄를 용서받은 자에게 주시는 삶의 방식에 관한 내용이다. 이렇게 살아야 한다는 것이다. 죄 사함을 받은 사람은 그 은혜가 너무나 크다는 사실을 안다. 그래서 필연적으로 형제의 허물을 덮고, 그의 잘못을 용서하며 살게 된다. 받은 용서가 너무 커서 그럴 수밖에 없다는 말씀이다. 그래서 주님은 마태복음 6장 12절에서 "우리가 우리에게 죄 지은 자를 사하여 준 것같이 우리 죄를 사하여 주시옵고"라고 기도하라고 가르쳐 주신다. 주님이 가르쳐 주신 주기도문은 삶의 방식을 다룬다. 용서받은 자의 삶의 방식이 바로 용서하는 삶이어야 한다는 것이다.

6. 정리

우리는 주께서 우리 죄를 사해 주셨음을 믿는다. 그 말은 죄가 얼마나 심각한 것인지, 그리고 내가 얼마나 구제 불능의 죄인인지를 안다는 말이다. 하나님을 향한 죄는 방법이 없다. 심판받아 죽든지, 아니면 사함을 받든지 둘 중 하나이다. 하나님은 우리의 죗값을 그 아들 예수님이 대신 치르게 하셨다. 그래서 누구든지 예수를 구주로 믿으면 우리의 죄를 기억하지 않으시고 다시 정죄하지도 않으시는 용서를 베푸신다. 우리는 이 용서를 받아들이기만 하면 된다. 아무리 큰 죄일지라도 고백하면 용서해 주신다. 그리고 말로는 설명할 수 없는 크나큰 기쁨을 맛보게 해 주신다.

이렇게 큰 용서를 받았다면 회개하는 삶을 살아야 한다. 죄를 용서받았지만 여전히 죄성 가운데에서 넘어지는 내 모습을 보며 애통해하고 회개해야 하는 것이다. 그리고 형제를 용서하며 살아야 한다. 내가 형제에게 베푸는 용서는 주님께 받은 용서와는 비교할 수 없을 정도로 작다. 그러니 억울할 것도 없고 자존심 상할 것도 없다. 하나님 나라는 죄를 자백하면 벌을 받는 세상 나라와 다르다. 오히려 죄를 용서받는다. 회개가 일종의 특권이 되는 셈이다. 이 죄 사함의 은혜를 믿고 담대히 하나님 앞에 나아가라. 회개하며, 용서하는 삶을 사는 이에게 하나님께서 큰 기쁨을 선물로 주신다.

◆ 말씀으로 믿음의 뼈대 세우기

1. 예수님의 죽음은 우리를 향한 하나님의 사랑의 ☐☐ 이다.
   - 롬 5:8
2. 예수님이 죽으심으로써 우리는 진노하심에서 ☐☐ 을 받았다. - 롬 5:9
3. 우리 마음은 ☐☐ 과 죄가 날마다 싸우는 전쟁터이다.
   - 롬 7:23, 24
4. 우리는 죄를 지어서 ☐☐ 이 된 것이 아니라 원래부터 죄인이라 죄를 짓는 것이다. - 시 51:5
5. 우리는 예수님의 죄 용서를 ☐☐ 으로 의롭다 함을 받는다.
   - 갈 3:24
6. 자기 죄를 ☐☐ 하는 자는 불쌍히 여김을 받는다. - 잠 28:13
7. 하나님은 우리의 악행과 죄를 사하시고 ☐☐ 하지 않으신다. - 렘 31:34
8. 그리스도 예수 안에 있는 자는 결코 ☐☐ 함이 없다. - 롬 8:1
9. 생명의 성령의 법이 죄와 사망의 법에서 우리를 ☐☐ 하였다. - 롬 8:2
10. 허물의 사함을 받고 죄가 가려진 자는 ☐☐ 자이다.
    - 시 32:1
11. 자기 죄성을 ☐☐ 하는 자는 위로를 받는 복을 누릴 것이다.
    - 마 5:4
12. 용서를 받은 사람은 ☐☐ 하는 삶을 살아야 한다.
    - 마 6:14, 15

믿음 확증 기억 죄인 용서 정죄
구원 해방 복된 성령 애통 자복

◆ 나눔으로 신앙의 뼈대 세우기

"죄를 사하여 주시는 것"

❖ **다가서기**

누군가를 용서해 준 적이 있는가? 그때 상황은 어떠했고, 어떤 느낌이 들었는가?

❖ **깊이 보기**

1. 당신은 당신의 죄를 사함받았는가? 그렇게 생각하는 이유는 무엇인가? 그렇지 않다면 그 이유는 무엇인가?

2. 죄를 용서받았다고 고백하려면 반드시 두 가지가 전제가 필요하다. 첫 번째, 죄의 심각성을 인식하는 것이다(약 1:15). 당신이 생각하는 죄의 심각성은 어떤 것인지 나누어 보라.

3. 두 번째 전제는 내가 어느 정도의 죄인인지를 명확하게 인식하는 것이다(시 51:5; 롬 7:23, 24). 자신을 어느 정도의 죄인이라고 생각하는지 자신의 말로 표현해 보라.

4. 왜 죄를 용서받아야 할까? 죄를 용서받지 못하면 어떻게 되는지 나누어 보라.

5. 성경은 죄 사함에 두 가지 성격이 있다고 설명한다. 이를 자신의 말로 설명해 보라.
    1) 렘 31:34 - ☐☐☐이 없는 용서
    2) 롬 8:1, 2 - ☐☐☐이 없는 용서

6. 내가 받은 죄 용서와 성경이 말하는 죄 용서에 차이점이 있는가? 있다면 무엇인지 나누어 보라.

7. 죄 사함을 받은 사람은 어떤 삶을 살아야 하는가? 왜 그런 삶을 살 수밖에 없는가?

　　- ☐☐하는 삶_ 시 32:1; 마 5:4

8. 죄 사함을 받은 사람은 또 어떤 삶을 살아야 하는가? 이는 당신의 삶과 어떤 차이가 있는가?

　　- 형제를 ☐☐하는 삶_ 마 6:12, 14, 15

❖ **다짐하기**

： 죄를 사하여 주심을 믿는다는 고백은 어떤 의미인지 자신의 말로 정리하고, 죄를 사함받은 자가 살아가야 할 두 가지 방식을 실천하기 위해 구체적으로 무엇을 해야 할지 정해 보라.

제14강

부활과 영생

"몸이 다시 사는 것과 영원히 사는 것"

 그리스도인들은 죽음에 대해 어떻게 생각해야 할까? 죽으면 천국 가니까 전혀 두려워할 일이 아닐까? 제13강에서는 '죄를 사하여 주시는 것'에 대해 살펴보았다. 결국, 이 죄가 우리를 죽음에 이르게 한다. 그러니 죄를 용서받는다면 결과는 달라질 수 있다. 사도신경의 마지막 고백처럼, 몸이 다시 살게 되고, 영원히 살게 된다. 이 몸의 부활과 영생을 믿는다는 내용을 살펴보자.

1. 죽음

　인간은 영혼과 육체가 결합된 존재이다. 죽음이란 영혼과 육체가 분리되는 것이다. 인간이 죽으면 영혼은 지옥과 천국 중 한곳으로 간다. 그리스도를 받아들이지 않은 영혼은 즉시 지옥으로 가고, 받아들인 영혼은 천국으로 간다(고후 5:8; 빌 1:23). 몸은 믿음과 상관없이, 몸을 만들었던 재료인 흙으로 돌아간다(창 3:19). 그런데 성경은 이것이 끝이 아니라고 말한다. 마지막 날에 몸이 다시 살아나게 될 것이라고 한다. "그들이 기다리는 바 하나님께 향한 소망을 나도 가졌으니 곧 의인과 악인의 부활이 있으리라 함이니이다"(행 24:15). 그리스도께서 다시 오실 때 믿는 자와 믿지 않는 자의 몸이 모두 부활한다. 그래서 천국과 지옥에 있던 영혼과 다시 결합하여, 믿는 자들은 영생을 누리고, 믿지 않았던 자들은 영벌에 처해진다. 인간은 태어나는 시각과 죽는 시각은 각자 다르지만, 다시 사는 기간은 다 같을 것이다.

　그렇기 때문에 육체의 죽음은 완전한 끝이 아니다. 성경에서는 죽음이란 주님이 오실 때까지 영혼과 육체가 잠깐 분리되었지만 의식이 있는 상태로 존재하는 '중간적 단계(Intermediated period)'라고 말한다. 죽음은 몸의 완전한 구속(救贖)을 기다리는 시간이다. 기본적으로 죽음은 모든 인류의 가장 큰 원수요, 도전할 수도 없는 공포이다. 하지만 믿는 자에게 죽음이란 신랑 되신 주님께로 인도해 주는 들러리에 불과하다. 죽음은 끝도 아니고, 잠을 자듯이 의식하지 못하는 시간도 아니다. 죽음은 쉼이다. 그 쉼이 정확하게 어떤 모습인지 잘 알 수 없지만 우리가 죽은 후에도 영혼은 여전히 존재하고 그 존재함을 의식한다는 점을 기억해야 한다.

2. 몸의 부활

'몸이 다시 사는 것'은 사실 상상이 잘 안 된다. 뼈들이 모양을 갖추어 정렬되고, 몸 구석구석 혈관을 타고 피가 흐르며, 오랫동안 뛰지 않았던 심장이 다시 뛰게 되는 것일까? 영화로워진 내 몸이 영혼과 다시 결합하는 그 순간은 어떤 느낌일까? 구원의 감격을 느꼈을 때와 비슷할까? "하이델베르크 요리 문답" 57번은 몸이 다시 사는 것에 대한 내용이다. "몸이 다시 살아날 것은 당신에게 어떤 위로를 줍니까?" "이 생명이 끝나는 즉시 나의 영혼은 머리 되신 그리스도에게 올려질 것입니다. 또한 나의 이 육신도 그리스도의 능력으로 일으킴을 받아 나의 영혼과 다시 결합되어 그리스도의 영광스러운 몸과 같이 될 것입니다." 이 내용을 믿을 수 있는가?

성경은 몸이 부활한다는 것이 거짓말이라면 그리스도인은 가장 불쌍한 사람이 될 것이라고 설명한다. "만일 그리스도 안에서 우리가 바라는 것이 다만 이 세상의 삶뿐이면 모든 사람 가운데 우리가 더욱 불쌍한 자이리라"(고전 15:19). 왜 그럴까? 세상 사람들이 이 땅에서 즐거움과 위로라고 생각하는 것을 그리스도인은 죄로 여기고, 그런 즐거움과 위로를 거부하면서 주님만 바라보며 살기 때문이다. 하지만 몸이 다시 사는 것이 진실이면 우리는 아주 수지맞는 장사를 한 셈이다. 죽음이 정복되고, 죄의 권세가 처참하게 무너지는 것을 보게 될 것이다. 주님은 우리에게 이 믿음까지 요구하신다.

"죽은 자의 부활도 그와 같으니 썩을 것으로 심고 썩지 아니할 것으로 다시 살아나며 욕된 것으로 심고 영광스러운 것으로 다시 살아나며 약한 것으로 심고 강한 것으로 다시 살아나며 육의 몸으로 심고 신령한 몸으로 다시 살아나나니 육의 몸이 있은즉 또 영의 몸도 있느니라"(고전 15:42-44). 주님은 부활한 몸이 어떤 것인지를 알려 주시고자 일부러 많은 사람에게 나타나셔서 몸을 보여 주신 것 같다. 부활하신 주님의 몸은 살과 뼈가 있었고(눅 24:39), 만질 수 있었고(요 20:17), 먹을 것을 드실 수도 있는 상태이셨다(눅 24:43). 그러면서도 벽을 통과하고 순간적으로 이동하기도 하시는 신비하고 영광스러운 몸이셨다. 어찌 보면 너무 황당하기까지 하다.

하지만 사도신경은 이 모든 것을 믿겠다고 고백한다. 내가 이 몸의 부활을 믿으려면 앞에 나오는 사도신경의 모든 고백이 나의 고백이 되어야 할 것이다. 우리가 몸의 부활을 믿는 근거는 이 일을 이루실 분의 전능하심을 믿기 때문이다. 사도신경은 '전능하사 천지를 만드신 하나님 아버지'를 믿는 믿음에서 출발하여, '우리 몸이 다시 사는 것과 영원히 사는 것'을 믿는 믿음으로 끝난다.

3. 영생으로 이어지는 부활

영원히 사는 것을 흔히 '영생(永生)'이라고 표현한다. 우리는 매주 사도신경을 읽으면서, 다시 살아난 몸이 영혼과 결합되어 영원히 살게 된다는 영생을 믿는다고 고백한다. 천하를 제패한 진시황은 수많은 사람을 동원해서 영생을 위한 불로초를 찾게 했다. 그러나 쉰도 못 되어 죽고 말았다. 영생은 인류의 오랜 꿈이지만 누구도 이루지 못했다.

하지만 성경은 모든 사람이 영생하게 될 것이라고 말한다. 생각해 보면, 그리 이상한 일이 아니다. 원래대로 돌아가는 것일 뿐이다. 하나님께서는 처음에 사람을 만드실 때 '죽을 수 없는 상태(posse non mori)', 즉 영생하도록 만드셨다. 하지만 인간이 죄를 범함으로 '죽을 수밖에 없는 상태(non posse non mori)'가 된 것이다. 이 상태를 원래대로 되돌린 것이 구원이다. 구원은 창조 그 자체의 완전한 회복이다. 그러므로 이론적으로 보면, 구원받았다면 죽지 않고 영원히 사는 삶을 회복하게 되는 것이다.

영원히 산다면 혹시 지겹거나 지루하지는 않을까? 하나님이 약속하신 영생은 극상의 상태가 지속되는 행복 그 자체의 삶이다. 성경 저자들은 자기 시대의 최고 가치를 상징하는 보석과 황금 등을 예를 들어 영생의 삶을 묘사한다. 우리 믿는 자에게 영생이란 더 이상 눈물과 애씀과 성화가 필요 없는 영화로운 삶이다. 여기에 우리의 소망을 두어야 한다.

4. 하나님이 원하시는 영생

성경에서는 마지막 때에, 믿는 자는 '영생(Eternal life)'을 받지만, 믿지 않는 자는 '영벌(Eternal punishment)'을 받는다고 설명한다(마 25:46). 제칠일안식일예수재림교회에서는 영벌이 없다고 주장한다. 죽음 후, 죄의 양과 질에 따라 결정되는 형벌의 기간이 있을 뿐이고, 그 후에는 영혼이 소멸된다고 말한다. 하지만 그렇지 않다. 창세기 3장의 선악과 사건을 떠올려 보라. 에덴동산에는 선악을 알게 하는 나무와 생명나무가 있었다. 인간들이 선악을 알게 하는 나무를 따 먹자 하나님은 인간이 죄를 지은 채로 영생하는 것을 원하지 않으셨다. 그래서 생명나무로 오는 길을 막아 버리셨다. "이같이 하나님이 그 사람을 쫓아내시고 에덴 동산 동쪽에 그룹들과 두루 도는 불 칼을 두어 생명나무의 길을 지키게 하시니라"(창 3:24).

하나님은 타락한 인간을 구원할 계획을 세우셨다. 그리고 그 계획을 예수 그리스도의 십자가와 부활 사건으로 성취하셨다. 누구든지 예수를 구주로 영접하면 영생을 얻게 하셨다. "하나님이 세상을 이처럼 사랑하사 독생자를 주셨으니 이는 그를 믿는 자마다 멸망하지 않고 영생을 얻게 하려 하심이라"(요 3:16).

정리해 보면, 생명나무의 열매는 바로 예수님이시다. 하나님께서 생명나무로 가는 길을 막으신 것은 예수님이 구원을 완성하실 때까지 인간으로 하여금 기다리게 하기 위해서였다. 이제 다시 생명나무로 가는 길이 열렸다. 예수라는 생명나무 과실을 따 먹는 자는 - 믿는 자는 - 영생하게 하신 것이다. 이것이 하나님이 원하시는 영생을 우리에게 주시기 위해 하나님이 하신 일이다. 하나님이 원하시는 영생은 결국 예수 그리스도를 통한 영생이었던 것이다.

5. 영생을 산다는 것

　예수님이 생명나무의 열매라는 점은 매우 중요한 진리를 전해 준다. 영생은 죽음 이후가 아니라 예수 그리스도를 믿는 순간 시작되는 삶임을 알려 주는 것이다. 그분을 믿는 자는 이미 영생을 살고 있는 것이다. 그렇기 때문에 지금 이 땅에서 내가 영생을 살고 있지 못하면 죽어서도 영생이 없다는 사실을 잘 이해할 필요가 있다.

　그러면 이 땅에서 영생을 사는 것이란 무엇일까? "영생은 곧 유일하신 참 하나님과 그가 보내신 자 예수 그리스도를 아는 것이니이다."(요 17:3). 성경은 영생을 영원히 사는 것이라고 말하지 않고, 하나님과 예수 그리스도를 '아는 것'이라고 정의한다. 시간상으로 영원히 사는 것은 영생의 결과이다. 이 구절에서 '아는 것(기노스코)'이란 친밀한 부부가 '서로 안다'라고 할 때 쓰는 말이다. 방탄소년단이라는 가수를 '알고 있다'라고 할 때와는 뜻이 다르다. 그러므로 하나님과 하나님이 보내신 예수 그리스도를 안다는 개념은 친밀한 사귐, 교제를 의미한다.

　영생이란 무엇인가? 이 땅을 사는 동안 하나님과 친밀한 사귐과 교제를 갖는 것이다. 내가 영생의 삶을 잘 살고 있는지 자신에게 진지하게 물어보아야 한다. 왜냐하면 이 땅에서 영생을 살지 못하면 죽어서도 영생이 없기 때문이다. 신앙은 그저 교회 다니다가 죽으면 천국 가고 영생하는 것이 아니다. 신앙은 떨이로 살 수 있는 명절 끝물 복숭아가 아니다. 정말로 엄선하고, 정제하고, 분별해야 하는 극상품이다. 이것이 성경이 말하는 생명관이다. 우리는 생명이 우리 안에 있다고 생각하지만, 생명은 하나님 안에 있다. 착각하지 말자. 그러므로 우리에게 생명이 있으려면 하나님과 연결되어 있어야 한다. 이 연결됨이 하나님을 아는 사귐과 교제인 것이다.

6. 영생을 사는 성도의 삶

부활과 영생을 믿는 성도는 이 땅에서 어떻게 살아야 할까? 첫째, 죽음을 두려워하지 말아야 한다. 성도에게 죽음은 즉시로 천국에 들어가는 관문(關門)이다. 평생을 힘쓰고 애쓰던 성화(聖化)가 완성됨이고, 그리스도와 영원히 함께함이다. 주님이 재림하시는 날 우리의 몸과 영혼이 영원한 복락을 누리게 된다. 그러니 성도에게 죽음은 두려운 것도, 슬픈 것도 아니다. 과도하게 거부감을 가질 필요가 없다.

둘째, 말씀을 열심히 배워야 한다. "내가 하나님의 아들의 이름을 믿는 너희에게 이것을 쓰는 것은 너희로 하여금 너희에게 영생이 있음을 알게 하려 함이라"(요일 5:13). 우리에게 말씀을 주신 이유는 영생이 있다는 것을 알려 주고자 하심이다. 우리는 말씀을 읽으며 하나님과 그 보내신 자 예수를 알아 간다. 말씀을 배우고 익히면 이 땅에서도 정말 영생을 누릴 수 있다. 삶이 막막할 때마다 말씀으로 돌아가자. 그래서 부활과 영생이 있음을 수시로 확인하며 살자.

셋째, 주의 일에 더욱 힘써야 한다. "그러므로 내 사랑하는 형제들아 견실하며 흔들리지 말고 항상 주의 일에 더욱 힘쓰는 자들이 되라 이는 너희 수고가 주 안에서 헛되지 않은 줄 앎이라"(고전 15:58). 하나님께서 우리를 위해 최고의 결말을 준비하고 계신다. 그러니 우리는 맡겨 주신 사역에만 힘쓰면 된다. 사역에 힘쓴다는 것은 견실하며, 흔들리지 말고, 일관되게 섬기는 것이다. 영생에 대한 소망이 없으면 주의 일에 힘쓰기가 어렵다. 사역을 하다 보면 화도 나고 상처도 받으며, 그만두고 싶을 때가 한두 번이 아니기 때문이다. 우리 주님이 모든 눈물을 닦아 주시고 다시 애통하는 것이나 곡하는 것이나 아픈 것이 없게 해 주실 것이다(계 21:4). 그래서 조너선 에드워즈(Jonathan Edwards)는 "천국을 위해 자신을 부인하기를 싫어하는 사람이 얼마나 어리석은가?"라고 말했다.[16]

7. 정리

사도신경은 전능하사 천지를 만드신 하나님을 믿는다는 고백으로 시작해서 이제 우리 몸이 다시 사는 것과 영원히 사는 것을 믿는다는 고백으로 끝을 맺는다. 우리 몸이 다시 살고 영원히 살 것이라는 이 놀라운 사실을 믿으려면 천지를 지으신 하나님이 전능하신 내 아버지가 되심을 믿을 때만 가능하다.

믿는 우리에게 죽음은 영화로운 부활과 영생으로 가는 출발점이다. 그러기에 이 땅이 전부인 것처럼 목매고 살지 말아야 한다. 죽은 후 우리 영혼은 즉시 그리스도와 함께 하나님 앞에 있을 것이다. 그리고 언젠가 주께서 다시 오시는 날 우리 몸도 주님처럼 부활할 것이다. 그리하여 주와 함께 영원히 새 하늘과 새 땅에서 살게 될 것이다. 이것이 우리의 마지막 믿음의 여정, 영생이다.

그러기에 성도는 죽음을 두려워하지 말아야 한다. 성도는 말씀을 열심히 배우는 삶을 살아야 한다. 성도는 주의 일에 더욱 힘써야 한다. 이 모든 신앙의 고백을 믿는가? 사도신경은 '아멘'으로 끝이 난다. 우리는 매주 '아멘(진실로 그러하다)'이라는 말로 우리의 고백을 반복해서 고백하고 결론짓고 연습한다. 따라서 '아멘'이라고 외치는 것은 신앙 고백의 반복되는 훈련이요, 마지막 훈련인 셈이다. 우리 인생은 결국 '아멘'으로 끝이 날 것이다. 우리의 고백대로 될 것이다. 그러므로 우리는 이 '아멘'을 붙들고 살아가야 한다.

◆ 말씀으로 믿음의 뼈대 세우기

1. 성령이 우리 속에 계시면 우리의 죽을 ☐도 살아난다.
   - 롬 8:11
2. 세상을 떠난 후 우리는 그리스도와 ☐☐ 있게 된다.
   - 빌 1:23
3. 심판의 날에는 의인과 악인의 ☐☐이 있을 것이다.
   - 행 24:15
4. 우리의 소망이 이 세상뿐이면 믿는 자가 가장 ☐☐하다.
   - 고전 15:19
5. 부활은 썩지 않고 영광스럽고 강하고 ☐☐한 몸으로 다시 살아나는 것이다. - 고전 15:42-44
6. 악인은 ☐☐에, 의인은 영생에 들어간다. - 마 25:46
7. ☐☐은 하나님과 예수 그리스도를 아는 것이다. - 요 17:3
8. ☐☐은 우리로 하여금 영생이 있음을 알게 하기 위해서 쓰신 것이다. - 요일 5:13
9. 영생은 모든 ☐☐을 닦아 주시고, 다시는 애통이나 아픔이 없는 것이다. - 계 21:4
10. ☐☐ 안에서 죽은 자는 반드시 부활한다. - 행 4:2
11. 예수를 ☐☐ 자는 영생을 얻게 된다. - 요 3:15
12. 영생은 하나님이 영원 전부터 하신 ☐☐이다. - 딛 1:2

성경 몸 눈물 함께 영벌 약속 신령 예수 믿는 부활 영생 불쌍

◆ 나눔으로 신앙의 뼈대 세우기

"몸이 다시 사는 것과 영원히 사는 것"

❖ 다가서기

: 당신은 죽은 후에 무슨 일이 일어날 것 같은가? 그렇게 생각하는 이유가 무엇인지 나누어 보라.

❖ 깊이 보기

1. 죽음이 무엇인지 한 단어로 말해 보라. 그렇게 말한 이유는 무엇인가?

2. 성경에서는 죽음을 어떻게 설명하는지 읽어 보고 자신의 말로 정리해 보라(창 3:19; 고후 5:8; 빌 1:23).

3. 예수님이 재림하시면 당신의 몸이 다시 살아날 것을 믿는가? 믿는다면 그 몸이 어떤 몸인지 정리해 보라(고전 15:42-44).

4. 예수님이 재림하시면, 천국에 있던 내 영혼은 부활한 몸과 결합하여 새 하늘과 새 땅에서 영원히 그리스도와 함께 하나님 앞에 있게 된다. 이 사실을 믿어야 하는 근거는 무엇인가? 사도신경의 앞과 뒤를 연결해서 답해 보라.

5. 영생은 죽어서 시작되는 것이 아니라 예수를 믿으면서부터 누릴 수 있는 것이다. 그 근거가 무엇인가?(요 17:3)

6. 그렇기 때문에 이 땅에서 우리는 영생을 살아야 한다. 당신에게 영생을 산다는 것은 어떤 의미인지 나누어 보라.

7. 부활과 영생을 믿는 성도는 이 땅에서 어떻게 살아야 하는가?
   1) ☐☐을 두려워하지 말아야 한다.
   2) ☐☐을 열심히 배워야 한다(요일 5:13).
   3) 주의 ☐에 열심을 내야 한다(고전 15:58).

8. 당신은 부활과 영생을 믿는가? 자신의 고백으로 답해 보라.

   _____
   _____
   _____
   _____
   _____

❖ **다짐하기** : 부활과 영생을 믿으며 살아가려고 할 때 나에게 부족한 점은 무엇인지 구체적으로 점검하고 실천 계획을 세워 보라.

미주

1　손재익, 『사도신경 12문장에 담긴 기독교 신앙』, 서울: 디다스코, 2018.
2　손봉호, 『사도신경 강해설교』, 서울: 컨콜디아사, 1979.
3　강영안, 『신을 모르는 시대의 하나님』, 서울: 한국기독학생회출판부, 2017.
4　김성수, 『사도신경 강해』, 서울: 도서출판 미스바, 2010.
5　박성규, 『사도신경이 알고싶다』, 경기도: 넥서스, 2020.
6　알리스터 맥그래스, 『알리스터 맥그래스의 사도신경』, 서울: 죠이선교회, 2020.
7　앨버트 몰러, 『오늘 나에게 왜 사도신경인가?』, 서울: 생명의말씀사, 2019.
8　장재훈, 『천주교와 개신교 세계관』, 서울: 도서출판 좋은땅, 2019.
9　Davis, C. Truman, "The Crucifixion of Jesus", *Arizona Medicine*, 22, no. 3, 1965.
10　안드레아스 쾨스텐베르거, 『BECNT 요한복음』, 신지철·전광규 역, 서울: 부흥과개혁사, 2019.
11　김헌수, "그리스도의 죽으심과 우리의 죽음", 기독교학술동역회매거진 월드뷰, 2017년 2월호.
12　손재익, 『사도신경 12문장에 담긴 기독교 신앙』, 서울: 디다스코, 2018.
13　루이스 벌코프, 『벌코프 조직신학』, 서울: CH북스, 2017.
14　박형룡, 『교의신학 내세론』, 서울: 보수신학 서적 간행회, 1973.
15　고재수, 『교의학의 이론과 실제』, 충남: 고려신학대학원출판부, 2007.
16　Jonathan Edwards, et al., *The Works of Jonathan Edwards*, vol. 14, New Haven: Yale University Press, 1997.

✣ Memo

Memo

Memo